AF542994

LES DOUZE CLEFS DE PHILOSOPHIE

SUIVI DE RÉVÉLATION ET DÉCLARATION CONCERNANT LES PLUS CURIEUX MYSTÈRES DES TEINTURES ESSENTIELLES DES SEPT MÉTAUX, & LES VERTUS MÉDICINALES DE CELLES-CI

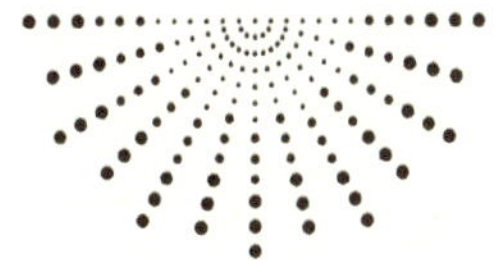

FRÈRE BASILE VALENTIN

TABLE DES MATIÈRES

AVANT-PROPOS

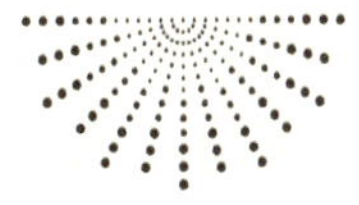

En ma Préface du Traité de la *Génération des Planètes,* je me suis obligé Ami Lecteur, en faveur de ceux qui sont curieux de science, et désireux de rechercher les secrets de la Nature, d'enseigner, selon la capacité que Dieu m'en a donné d'où, et de quelle Matière nos Ancêtres ont premièrement tiré, puis préparé la Pierre triangulaire, donnée par la libéralité du souverain Dieu, et de laquelle ils se sont servis pour entretenir leur santé durant le cours de cette vie mortelle, et pour saupoudrer comme de Sel céleste les malheurs de ce Monde. Or afin que je tienne ma promesse, et que je ne t'enveloppe point dans les sophistications trompeuses, mais que je montre, comme l'on dit, depuis un bout jusqu'à l'autre, la source de tous biens: Sois attentif, et considère diligemment ce que je vais dire, si tu aimes la Science, car je n'aime point à parler en vain, et mon intention n'est pas de me servir à cet effet de paroles frivoles, qui ne servent de rien ; ou de peu pour enseigner. Au contraire, mon dessein est de montrer en peu de mots des choses, qui soient appuyées et fondées sur de bons fondements, et fondées sur des expériences très certaines.

Or il faut savoir qu'encore que beaucoup de Gens se flattent de pouvoir connaître cette Pierre, néanmoins peu de ces Gens en viennent à bout; car Dieu n'en a communiqué la connaissance de l'Opération qu'à fort peu, et à ceux-là principalement qui haïssent le mensonge, embrassent du tout la vérité, et qui s'adonnent aux Arts et Sciences : Surtout à ceux qui l'aiment de tout leur cœur, et lui demandent ce précieux Don avec instance et prières.

C'est pourquoi je t'avertis, si tu veux chercher notre Pierre, de suivre mon conseil, qui est que tu pries Dieu de favoriser tes œuvres. Et si tu sens ta conscience chargée de péchés, je te conseille de l'en décharger et par une vraie contrition et par une bonne confession, prenant pour ferme résolution de persévérer dans la vertu, afin que ton cœur soit toujours pur, et que ton esprit soit éclairé de la lumière de la Vérité. Outre cela, propose-toi en toi-même, que si après avoir acquis ce Don divin, tu es élevé en honneur, de tenir la main aux Pauvres, qui sont comme embourbés dans le limon de la pauvreté; que tu redonneras par tes libéralités des forces à ceux qui sont fatigués de leurs malheurs, et que tu relèveras avec tes Richesses, ceux qui sont accablés de misère, afin que tu reçoives plus aisément la bénédiction de Dieu, et que ta foi étant confirmée par tes bonnes œuvres, tu puisses jouir de la Béatitude éternelle.

Outre cela encore, ne méprise pas les Livres des anciens Philosophes, qui certainement ont eu la Pierre avant nous ; mais lis-les entièrement ; car après Dieu, ils sont causes que je l'ai eue. Lis-les plus d'une fois, afin de ne pas oublier tes Principes, de peur que tes Fondements ne tombent, et que la Lumière de la Vérité ne s'éteigne.

De plus, sois diligent à la recherche des Choses qui s'accordent avec la raison, et avec les Livres des Anciens. Ne sois point variable, vise constamment au but, auquel tirent tous les Sages, Souviens-toi qu'un Esprit mobile n'a point de pied stable, et qu'un Architecte, qui a la tête légère, peu à peine bâtir un Édifice ferme et permanent.

De plus encore, notre Pierre ne prend point son Être et sa Naissance de Choses combustibles, parce qu'elle combat contre le feu et soutient tous ses efforts, sans être aucunement offensée. Ne la tire donc point de ces Matières, dans lesquelles la Nature toute puissante qu'elle est, ne la peut mettre.

Par exemple, si quelqu'un disait que notre Pierre est de nature végétale, ce qui néanmoins n'est pas possible, bien qu'il paraisse en elle, je ne sais quoi de végétable ; il faut que tu saches que si notre Lunaire était de même nature que les autres Plantes, elle servirait aussi bien qu'elles servent de matières propre au feu pour brûler, et ne remporterait autre chose de lui que le Sel mort, ou comme l'on dit, la Tête morte. Quoique nos Prédécesseurs aient écrit amplement de la Pierre végétable, si tu n'es aussi clairvoyant que Lincée, leurs Écrits surpasseront la portée de ton esprit, car ils l'ont seulement appelé végétable, à cause qu'elle croît, et se multiplie comme une chose végétable.

Bref, sache que pas un Animal ne peut étendre son Espèce et engendrer son semblable, s'il ne le fait par le moyen de choses semblables, et d'une même nature, voilà pourquoi je ne veux point que tu cherches notre Pierre autre part, ni d'autre côté que dans la Semence de sa propre nature, de laquelle la Nature l'a premièrement produite. Tire de là aussi une conséquence certaine, qu'il ne te faut aucunement choisir à cet effet une nature animale : car comme la chair et le sang ont été donnés par le Créateur de toutes choses aux seuls Animaux ; aussi du seul sang, qui leur est particulier, eux seuls sont nés et naissent tous les jours. Mais notre Pierre que j'ai eu par succession des anciens Philosophes, est faite et composée de deux choses, et d'une, en lesquelles la troisième est cachée, et telle est la vérité sans aucune ambiguïté ni fraude, car le Mari et la Femme n'étaient pris par les anciens Philosophes que pour un même Corps, non pas à cause de leurs accidents externes, mais à cause de leur amour réciproque, et la vertu uniforme productive de leur semblable, née et inférée à l'une dans l'autre, dès leur première naissance. Et tout ainsi qu'ils ont une vertu conservative et propagative de leur Espèce, tout de même la Matière dont notre Pierre est produite, peut se multiplier et s'étendre par la vertu séminale qu'elle a. C'est pourquoi si tu es véritable Amateur de notre Science, tu ne feras pas peu d'estime de ce que je viens de te dire, et tu le considéreras attentivement, de peur de te laisser tirer avec les autres Sophistes, aveuglés en cet endroit en la fosse d'ignorance, et te précipiter en ce gouffre, et enfin n'en pouvoir jamais revenir.

Or mon Ami, afin que je t'enseigne d'où cette Semence, et cette Matière est puisée, songe en toi-même à quelle fin et usage tu veux faire la Pierre ; alors tu sauras qu'elle ne s'extrait que de Racine Métallique, ordonnée du Créateur à la génération seulement des Métaux : Or comprend en peu de paroles comment cela se fait.

Au commencement, lorsque l'Esprit du Seigneur était porté sur les Eaux, et que toutes choses étaient enveloppées dans les obscurités ténébreuses du Chaos, alors Dieu puissant et Éternel, Commencement sans fin, dont la Sagesse est de toute Éternité, créa de rien par ses conseils inscrutables et providents, le Ciel et la Terre, et tout ce qui est en eux visible et invisible, quelque nom qu'on leur donne ou qu'on puisse leur donner. Car Dieu fit toutes choses de rien. Or comment se fit cette merveilleuse Création ? j'estime que ce n'est ici le lieu de s'en enquérir, et qu'il faut en cela se soumettre à la Foi et à la Sainte Écriture. Dans cette création Dieu donna à chaque Nature sa semence, de peur qu'elles ne périssent, étant sujettes à corruption, et afin que par cette vertu séminale elles pussent se garantir de la mort, et que les Hommes, les Animaux, les Plantes et les Métaux, puissent être perpétuellement conservés. Dieu ne donna pas à l'Homme la vertu de pouvoir, contre sa volonté, faire de nouvelles Semences, mais il lui permit seulement d'étendre et de multiplier son Espèce : Et Dieu se réserva la puissance de faire de nouvelles Semences, autrement la Création serait possible à l'Homme, comme étant la plus noble Créature ; ce qui ne se peut pas se faire, et doit être réservée au seul Créateur de toutes choses.

Quant à la vertu séminale des Métaux, je veux que tu la connaisses de cette manière. L'Influence céleste, par la volonté et par le commandement de Dieu, descend du Ciel, se mêle avec les vertus et les propriétés des Astres. Étant mêlées ensemble, il s'en forme comme un tiers presque terrestre. Ainsi se fait le Principe de notre Semence, et telle est sa première production, par laquelle elle peut donner un témoignage assez suffisant de son origine. De ces trois se font les éléments, à savoir l'Eau, l'Air, et la Terre, lesquels moyennant l'aide du Feu, continuellement appliqué, on régit et gouverne jusqu'à ce qu'ils aient produit une Âme, qui ait moyenne nature entre les deux, un Esprit incompréhensible, et un Corps visible et palpable. Quand ces trois Principes sont joints ensemble par vraie union, ils sont par continuation de temps, et par le moyen du Feu dûment appliqué, une Substance sensible; à savoir, la *Mercurielle,* la *Sulfureuse* et la *Saline,* qu'Hermès et tous les autres devant moi, ne pouvant par delà, dès le commencement du Magistère, ont appelé les trois Principes, lesquels s'y étant mis proportionnellement, l'on coagule, selon les diverses opérations de Nature, et la disposition de la Semence, ordonnée de Dieu à cet effet.

Quiconque donc se propose de chercher la source de cette salubre Fontaine, et espère de remporter le prix dans notre Art, qu'il me croie ; car j'atteste le Souverain Dieu de cette vérité, que là où se trouvent l'Âme Métallique, l'Esprit Métallique, et le Corps Métallique, là se trouvent aussi infailliblement, *le Mercure, le Soufre,* et *le Sel Métallique,* lesquels nécessairement ne sauraient faire qu'un Corps parfait Métallique.

Si tu ne veux pas entendre ce qu'il faut que tu apprennes ; ou tu n'auras jamais été élevé dans l'École de la Sagesse, ou tu ne seras pas Enfant de Science, ou bien Dieu t'estimera indigne et incapable de telle Doctrine.

Je te dis donc en peu de mots qu'il te sera impossible de tirer aucun profit des Matières Métalliques, si tu n'assembles exactement en une Forme Métallique ces trois Principes. Outre cela, il faut que tu saches que tous les Animaux terrestres, composés de chair et de sang, sont doués d'âme et d'esprit vital, mais qu'ils sont dépourvus de l'entendement, qui est particulier à l'Homme seul. C'est pourquoi, quand ils ne sont plus en vie, on n'en saurait rien tirer de bon, tout étant mort en eux.

Mais quand l'Âme de l'homme est contrainte par la mort et par la disjonction d'avec le Corps, de retourner à son Créateur d'où elle est venue, elle ne cesse point de vivre et revient habiter avec le Corps purifié et clarifié par le feu ; de manière que l'Âme, l'Esprit et le Corps, s'illuminent l'un l'autre d'une certaine clarté céleste, et s'embrassent de telle sorte, qu'ils ne peuvent plus ensuite être désunis l'un l'autre.

Voilà pourquoi l'homme doit être, à cause de son Âme, estimé Créature fixe, d'autant que quoiqu'il semble mourir, il vivra perpétuellement. À cause de cela, la mort de l'Homme n'est autre chose qu'une clarification, par laquelle, avant que passer comme par certains degrés ordonnés de Dieu, il doit après avoir quitté cette vie mortelle, vivre plus glorieusement d'une vie immortelle. N'en n'étant pas ainsi des autres Animaux, on les doit estimer Créature non fixe ; car après la mort, ils n'ont aucune espérance de ressusciter ni de revivre, parce qu'ils sont dépourvus d'Âme raisonnable, pour laquelle le véritable Médiateur et unique fils de Dieu a versé son Sang précieux et s'est livré à la mort.

Si l'Esprit habite le Corps, il ne s'ensuit pas de-là qu'ils soient liés ensemble, bien qu'ils soient en paix, et qu'ils n'aient rien discordant l'un de l'autre ; car ils ont encore besoin d'un lien plus fort, à savoir de l'Âme pure, noble et incompréhensible, qui puisse les lier tous deux fermement, leur garantir de tous les dangers, et les défendre contre tous les ennemis. Car quand l'Âme se sépare, il n'y a plus de vie, et n'y a aucune espérance de la recouvrer. Voilà pourquoi une chose sans Âme est grandement imparfaite. C'est un grand Secret, et que doit nécessairement savoir le Sage qui cherche notre Pierre. Ma conscience m'a obligé de ne point passer sous silence un tel Mystère, mais de le découvrir aux Amateurs de notre Science. Pèse donc attentivement mes paroles, et apprends que les Esprits qui sont cachés dans les Métaux, diffèrent beaucoup entre eux, les uns étant plus volatils, les autres plus fixes, la même différence se trouve en leur Âme, et en leur Corps. Tout Métal donc qui est composé de tels Esprits vraiment fixes (ce qui est donné de particulier au seul Soleil) a une grande force et vertu, par laquelle il combat même contre le feu, et par sa puissance surmonte tous ses ennemis.

La Lune a en soi un Mercure fixe, par lequel elle soutient plus longuement la violence du feu que les autres Métaux imparfaits, et la victoire qu'elle remporte, montre assez combien elle est fixe, vu que le ravissant Saturne lui peut rien ôter ni diminuer.

La lascive Vénus est bien colorée, et tout son corps n'est presque que Teinture, et couleur semblable à celle du Soleil, laquelle, à cause de son abondance, tire grandement sur le rouge ; mais d'autant que son corps est lépreux et malade, la Teinture fixe n'y peut pas faire sa demeure, et ce corps s'envolant, la Teinture doit nécessairement suivre, car ce même corps périssant, l'âme ne peut pas demeurer, son domicile étant consommé par le feu, et ne lui restant aucun siège, ni refuge.

Cette âme au contraire étant accompagnée, demeure avec un corps fixe.

Le Sel fixe, fournit au guerrier Mars un corps dur, fort, solide et robuste, d'où provient sa magnanimité et son grand courage. C'est pourquoi il est très difficile de surmonter ce valeureux Capitaine; car son corps est si dur, qu'à grand peine peut-on le blesser. Mais si quelqu'un mêle sa force et dureté avec la constance de la Lune et la beauté de Vénus, et si on les accorde par un moyen spirituel, on pourra faire, une douce harmonie, par le moyen de laquelle le pauvre Homme, s'étant à cet effet servi de quelques Clefs de notre Art, après avoir monté au haut de cette Échelle, et parvenu jusqu'à la fin de l'Œuvre, pourra particulièrement gagner sa vie ; car la nature flegmatique et humide de la Lune peut être échauffée et desséchée par le sang chaud et colérique de Vénus, et sa grande noirceur corrigée par le Sel de Mars.

Il ne faut pas que tu cherches cette semence dans les Éléments, car elle n'est pas si éloignée de nous, la Nature nous l'a mise bien plus près, et tu l'obtiendras, si tu rectifies tellement le Mercure, le Soufre et le Sel (j'entends des Philosophes) que l'Âme, l'Esprit et le Corps soient si bien unis, qu'ils ne puissent jamais se quitter. Alors sera fait le vrai lien d'amour, et sera bâtie la Maison de gloire et d'honneur. Et sache que tout ceci n'est rien autre chose que la Clef de la vraie Philosophie, semblable aux propriétés célestes, et l'Eau sèche conjointe avec une Substance terrestre ; toutes lesquelles choses reviennent toujours au même point, comme n'étant qu'une même, qui prend son origine de trois, de deux et d'une. Si tu touches ce but et parviens jusque là, tu auras et tu accompliras le Magistère. Après joints l'Époux avec l'Épouse, afin qu'ils soient nourris de leur chair et sang propres, et soient multipliés par leur semence à l'infini. Quoique par charité je voulusse bien t'en dire d'avantage, néanmoins je ne le ferai pas, de peur de passer les bornes que Dieu m'a prescrite. Je ne dirai donc rien de plus, craignant que l'on abuse des grands Dons de Dieu, et que je sois l'auteur et cause de tant de méchancetés qui pourraient se commettre, car j'encourrai l'ire divine, et serais condamné aux peines éternelles avec les Méchants.

Mon Ami, si ces choses sont si obscures que tu n'y puisses rien comprendre, je t'enseignerai encore ma Pratique, par le moyen de laquelle j'ai fait avec l'aide de Dieu, la Pierre occulte. Considère-la diligemment, prend bien garde aux douze Clefs, et lis-les plus d'une fois, puis travaille selon que je t'ai instruit. À vérité elle est un peu obscure, mais au reste fort exacte.

Prends de bon Or, mets-le en pièces, et dissout-le comme Nature enseigne aux Amateurs de Science, et réduit-le en ses premiers Principes, comme le Médecin a coutume de faire la dissection d'un corps humain pour connaître ses parties intérieures, et tu trouveras une Semence qui est le *Commencement*, le *Milieu* et la *Fin* de l'Œuvre, de laquelle notre Or et sa Femme sont produits. C'est un subtil et pénétrant Esprit, une Âme délicate, nette et pure, et un Sel et Baume des Astres, lesquels étant unis ensemble, ne sont qu'une Liqueur et Eau Mercurielle.

On mena cette Eau au Dieu Mercure, son Père, pour être examinée. Il voulut l'épouser, et en effet il l'épousa, et des deux il se fit une Huile incombustible. Mercure en devint si orgueilleux et superbe, qu'il ne se reconnut plus pour soi-même. Ayant jeté ses ailes d'Aigle, il dévora sa queue glissante d'un Dragon, et déclara la guerre à Mars, qui ayant assemblé sa Compagnie de Chevaux légers, fit prendre Mercure, le mit prisonnier, et constitua Vulcain pour Geôlier de la Prison, jusqu'à ce qu'il fût de nouveau délivré par le Sexe féminin.

Aussitôt que la nouvelle en fut sue dans le Pays, les autres Planètes s'assemblèrent et consultèrent sur ce qu'il faudrait faire dans la suite pour que tout fût gouverné avec prudence et avec maturité de conseil. Alors Saturne, avec une gravité non pareille commença en cette façon à dire le premier son avis.

Moi Saturne, la plus haute des Planètes, je confesse et proteste devant vous que je suis la moindre de toutes, ayant un corps faible et corruptible, de couleur noire, sujet à toutes les adversités de ce misérable Monde : C'est moi toutefois qui éprouve toutes vos forces, parce que je ne saurai demeurer en une place, et m'envolant j'emporte tout ce que je trouve de semblable à moi. Je ne rejette la faute de ma calamité sur aucun autre que sur Mercure, qui par sa négligence et par son peu de soin, m'a causé tous ces malheurs. C'est pourquoi je vous prie, et conjure toutes, de prendre sur lui la vengeance de ma misère, et que puisqu'il est déjà en prison, que vous le mettiez à mort, et le laissiez tellement corrompre et pourrir, qu'il ne lui reste aucune goutte de sang.

Après Saturne, Jupiter, tout chenu et cassé de vieillesse, se leva, et ayant fait révérence, et étendu son Sceptre, il salua chacun selon sa qualité. Ensuite d'un petit exorde, il loua l'avis de son compagnon Saturne, et voulut que tous ceux qui ne trouveraient pas bonne cette opinion, fussent proscrits et exilés, et ainsi finit son Discours.

Après Jupiter, Mars s'avança avec une Épée nue, diversifiée d'admirables couleurs ; on eût dit qu'elle était entrelacée comme de Miroirs, jetant feu et flamme, à cause des rayons épars çà et là qui en sortaient. Et la donna à Vulcain Geôlier de la prison, pour exécuter la Sentence prononcée, et réduire en poudre les os de Mercure, après qu'il serait mort. Vulcain lui obéit comme Exécuteur de Justice, prêt à faire ce qu'on lui commandait.

Quant Vulcain se fut acquitté de son devoir, l'on vit venir comme une belle Femme blanche, et vêtue d'un habit à femme long, de couleur grise et argentine, tissu et entrelacé d'Eaux, et dès que les Assistants l'eurent considérée de plus près, ils connurent tous que c'était la Lune, Épouse du Soleil, laquelle se jeta à leurs pieds, et après plusieurs soupirs, accompagnés de larmes, elle les pria avec une voix tremblante et entrecoupée de beaucoup de sanglots, de délivrer le Soleil son

Mari, qui était emprisonné par la tromperie de Mercure, ou qu'il faudrait qu'il pérît avec Mercure, déjà condamné à mort par le jugement des autres Planètes. Mais Vulcain sachant bien ce qu'il avait à faire, et ce qui lui avait été ordonné, ferma l'oreille à ces prières, et ne cessa d'exécuter la Sentence sur ses pauvres Criminels, jusqu'à l'arrivée de Vénus, qui paru vêtue d'une robe bien rouge, et doublée de vert. Elle était extrêmement belle de visage, et avait une voix douce et gracieuse ; son maintien et façon de faire étaient tout à fait agréables. Elle portait un bouquet de fleurs odoriférantes, qui à cause de leur admirable diversité de couleurs, apportaient un merveilleux contentement aux Hommes. Elle pria en Langue Caldaïque Vulcain de délivrer le Soleil, et le fît ressouvenir qu'il devait être racheté et délivré par le Sexe féminin, mais sa prière ne le toucha point, et il ne voulut pas seulement l'écouter.

Comme ils parlaient ensemble, le Ciel s'ouvrit, et en sorti un grand Animal avec, et une infinité de petits, lequel tua Vulcain, et à gueule ouverte dévora la noble Vénus qui priait pour lui. Il cria à haute voix : les Femmes m'ont engendré ; les Femmes ont semé et répandu partout ma semence ; elles ont rempli tout le monde, et leur âme est unie avec moi : C'est pourquoi aussi je vivrai de leur sang. Ayant proféré hautement ces paroles, il se retire, accompagné de tous ses petits : Et cela se fit par tant de fois, que tout le monde en fut rempli.

Ceci s'étant passé de la sorte, plusieurs doctes

Personnages du Pays s'assemblèrent, et se mirent conjointement à chercher le moyen de connaître ce mystère, pour avoir une plus parfaite connaissance du fait ; mais ne s'accordant point ensemble, ils se donnèrent une peine inutile, jusqu'à ce qu'on vit venir un Vieillard, qui avait la barbe et les cheveux aussi blancs que neige. Il était vêtu d'écarlate depuis les pieds jusqu'à la tête, avec une Couronne d'or entrelacée de Pierres précieuses de grande valeur. Outre cela, il avait une ceinture de toute gloire et de tout bonheur, et marchait nus pieds. Il parlait par un singulier Esprit qui était en lui, ses paroles pénétraient tout son Corps et de telle façon que son Âme s'en ressentait. Cet Homme s'élevait un peu plus haut que les autres, et faisait faire silence aux Assistants, et parce qu'il était envoyé du Ciel pour déclarer et expliquer par Discours physique, la Parabole ou Énigme, qu'ils avaient entendue, et il leur recommandait de l'écouter avec attention.

Le silence se faisant donc dans cette Assemblée, le Vieillard commença ainsi son discours : Éveille-toi Peuple mortel et regarde la lumière, de peur que les ténèbres et obscurités ne te trompent. Les Dieux du bonheur, et les grands Dieux m'ont révélé ceci en dormant. O qu'heureux est celui qui a les yeux éclairés pour voir la lumière qui lui était cachée auparavant ! Il s'est levé par la bonté des Dieux deux Étoiles aux Hommes, pour chercher la véritable et profonde Sagesse. Regarde-les et marche à leur clarté, parce que l'on y trouve la Sagesse.

Un oiseau Méridional, vite et léger, arrache le cœur du corps d'un grand Animal d'Orient. L'ayant arraché, il le dévore. Il donne aussi des ailes à l'Animal d'Orient, afin qu'ils soient semblables; car il faut que l'on ôte à la Bête Orientale sa peau de Lion, et que derechef ses ailes disparaissent, et qu'ils entrent dans la grande Mer salée, et en ressortent une seconde fois ayant pareille beauté. Alors jette ses esprits remuants dans un puits bien creux, où l'eau ne tarisse jamais, afin qu'ils lui soient rendus semblables, comme leur Mère qui y est cachée, et en a été composée, et pris sa naissance des trois.

La Hongrie m'a premièrement engendrée, le Ciel et les Astres me nourrissent, la Terre m'allaite. Et bien que je meure et soit enterré, je prends néanmoins vie et naissance par Vulcain. C'est pourquoi la Hongrie est mon Pays, et la Terre, qui contient toutes choses, est ma Mère. Les Assistants ayant entendu cela, il recommença encore à parler.

Faits que ce qui est dessus soit dessous; que le visible soit invisible; le corporel incorporel. Et fait encore que ce qui est dessous soit dessus; que l'invisible soit rendu visible, et l'incorporel corporel. De cela dépend entièrement toute la perfection de l'Art, où habite la mort et la vie, la génération et corruption. C'est une boule ronde où se tourne l'inconstance Roue de la Fortune; elle apporte aux Hommes divins toute sagesse et bonheur, et son propre nom, l'on l'appelle *Toute chose.* Toutefois

Dieu seul est Souverain, et a seul commandement sur les choses éternelles.

Or celui qui sera curieux de savoir ce que c'est que *Toutes choses* dans *toutes choses,* qu'il fasse à la Terre de grande ailes, et la presse tellement qu'elle monte en haut, et vole par-dessus toutes les Montagnes, jusqu'au Firmament, et alors qu'il lui coupe les ailes à force de feu, ainsi qu'elle tombe dans la Mer Rouge et s'y noie. Ensuite, qu'il fasse calmer la Mer, et dessèche ses Eaux par Feu, et par Air, afin que la Terre renaisse, et en vérité il aura *Toutes choses* dans *toutes choses.* Et s'il ne le peut trouver, qu'il regarde dans son propre sein, qu'il cherche et visite tout ce qui est autour de lui, et en tout le Monde, et il trouvera *Tout* dans *Tout* ce qui n'est rien autre chose qu'une vertu *styptique* et *astringente* des Métaux et Minéraux, provenant du Sel et du Soufre, et deux fois née du Mercure. Je te jure que je ne saurais te déclarer plus amplement *Toutes choses* dans *toutes choses,* vu que *Toutes choses* sont comprises en *toutes choses.*

Ayant achevé ce discours, mes Amis dit le Vieillard, je crois qu'en entendant ainsi la Sagesse, vous avez appris et recueilli de mon Discours, de quelle Matière, et par quel moyen vous devez faire la Pierre précieuse des anciens Philosophes. Or cette Pierre ne guérit pas seulement les Métaux lépreux et imparfaits, en les convertissant par régénération en une nature du tout à fait accomplie, mais aussi elle conserve la santé des Hommes, et les fait vivre longtemps, et par sa vertu céleste, elle m'a conduit à une telle vieillesse, que, m'ennuyant de vivre si longuement je voudrai déjà quitter le Monde.

À Dieu en soit la louange, l'honneur, la vertu, et la gloire, aux Siècles des Siècles, pour la grâce et sagesse qu'il y a si longtemps qu'il m'a libéralement donnée. Ainsi soit-il.

Ayant dit cela, il disparut, et s'envola en l'air. Ces choses s'étant passées de la sorte, tous s'en retournèrent d'où il était venu, appliquèrent leur esprit à ce qu'ils avaient entendu, et chacun opéra selon la sagesse que Dieu lui avait donnée.

LES DOUZE CLEFS

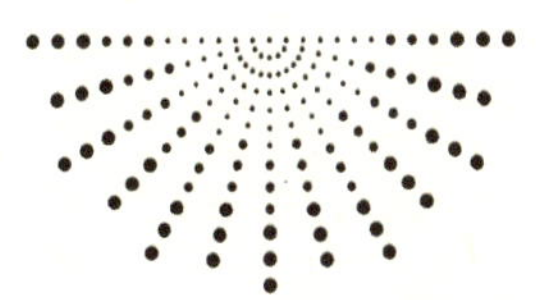

PREMIÈRE CLEF DE L'ŒUVRE DES PHILOSOPHES

Sache mon Ami, que tous Corps impurs et lépreux ne sont propres à notre Œuvre ; car leur impureté et lèpre, non seulement ne peuvent non seulement rien produire de bon, mais empêche même que ce qui y est puisse produire.

Toute marchandise de Marchand, tirée de Minières est vendue chacune à son prix ; mais lorsqu'elle est falsifiée, elle est rendue inutile, parce qu'elle est gâtée, et n'étant pas semblable à la naturelle, elle ne peut faire les opérations dues.

Comme le Médecin purge le dedans du corps et nettoie toutes les ordures, par les Médicaments; de même aussi, nos Corps doivent être purgés et nettoyés de toutes leurs impuretés, afin qu'en notre Génération, ce qui est parfait puisse exercer des Opérations parfaites; car les Sages demandent un Corps net, sans tache ni point souillure d'aucun Corps impurs, parce que le mélange des choses étrangères est la lèpre et la destruction de nos Métaux.

Que la Couronne du Roi soit d'Or très pur et qu'on lui joigne sa chaste Épouse. Si donc tu veux opérer en nos Matières, prends un Loup affamé et ravissant, sujet, à cause de l'étymologie de son nom, au guerrier Mars, mais de race tenant de Saturne, comme étant son Fils.

On le trouve dans les Vallées et Montagnes, toujours mourant de faim. Jette-lui le Corps du Roi, afin qu'il s'en soûle. Après qu'il aura mangé, jette-le dans un grand feu pour y être entièrement consumé, et alors le Roi sera délivré. Quand tu auras fait cela trois fois, le Lion[1] aura surmonté le Loup, et le Loup ne pourra plus rien consumer du Roi, et notre matière sera préparée et prête à commencer l'Œuvre.

Apprends que ce n'est que par cette voie-là qu'on peut rendre nos Matières pures ; car l'on lave et purge le Lion du sang du Loup, et la nature du Lion se délecte merveilleusement en la Teinture du Loup, parce qu'il y a une grande affinité et comme un parentage entre le sang de l'un et l'autre. Quand donc le Lion se sera soûlé et son esprit fortifié, ses yeux reluiront et éclaireront comme le Soleil, et sa force intérieure sera bien plus grande, et très utile à tout ce que vous voudrez. Et après qu'il aura été dûment préparé, il servira de grand remède aux Épileptiques, et à ceux qui seront attaqués de graves maladies. Et dix Lépreux le suivront, voulant boire de son sang, et tous Malades, de quelque mal qu'ils soient affligés, se plairont grandement en son Esprit. Bref tous ceux qui boiront de cette Fontaine coulante d'Or, seront rendus joyeux de corps et d'esprit, jouiront d'une santé parfaite, sentiront un rétablissement de leurs forces, une restauration de sang, confortation de cœur, et une entière disposition de tous leurs membres, tant au-dedans qu'au-dehors, parce que cette Fontaine conforte les nerfs, et ouvre les conduits pour chasser les maladies, et introduire en leur place la santé.

Mon Ami, prends garde soigneusement à ce que la Fontaine de vie soit très pure, et qu'aucune Eau étrangère ne se mêle avec elle, de peur qu'il ne s'engendre un Monstre, et que le salutaire Poisson ne se change en venimeux poison. Et si l'on a ajouté quelque eau forte et corrosive pour dissoudre les Matières, qu'on ôte et qu'on lave diligemment toute force corrosive, car nulle acrimonie et corrosion n'est propre à donner la fuite aux maladies, parce qu'elle pénètre, avec destruction et corruption du Sujet, et engendre bien d'autres maladies. Et comme on pousse une cheville, par une cheville, de même il faut chasser le poison par le poison ; il est néanmoins nécessaire que notre Fontaine en soit totalement purgée, et rendue entièrement exempte de toute corrosion.

On coupe tout Arbre qui ne porte pas de bon fruit, et l'on greffe sur le tronc une merveilleuse greffe. Cela fait, le tronc produit un rameau, et de là se fait un arbre fructifiant, selon le désir du Jardinier.

Le Souverain voyage par six Villes célestes[2], et

fait résidence en la septième, parce que son Palais Royal y est orné et embelli d'Or, et de Bâtiment dorés.

Si tu entends ce que je viens de dire, tu as ouvert la première porte de la première Clef, et as passé la première barrière; mais si tu n'y vois aucune clarté, tu auras beau manier et regarder le verre, cela ne te servira de rien, et ne t'aidera aucunement la vue corporelle, pour trouver à la fin ce qui te manquera au commencement, car je ne parlerai pas d'avantage de cette Clef, comme m'a enseigné Luce Papirius.

---

1. Le Lion, c'est le Roi, ou l'Or, et le Loup, c'est l'Antimoine. 17
2. Les six Régimes; le premier de Mercure; le 2e de Saturne; le 3e de Jupiter; le 4e de la Lune; le 5e de Vénus ; le 6e de Mars. Après ces six Régimes, vient celui du Soleil, désigné ici sous le nom du Palais Royal, embelli d'Or.

SECONDE CLEF DE L'ŒUVRE DES PHILOSOPHES

On trouve dans les Cours des Princes diverses sortes de breuvages ; et n'y en a pas un qui soit semblable à l'autre, en odeur, couleur et goût, car ils sont préparés de diverses façons, et à diverses fins, et cela est nécessaire pour en donner à différentes sortes de gens.

Quand le Soleil darde et épand ses rayons par entre les nues, l'on dit communément : le Soleil attire l'eau à soi, c'est pourquoi nous aurons de la pluie ; et si cela se fait souvent, il s'ensuit presque toujours une année fertile.

Pour bâtir une superbe et magnifique maison l'on a besoin de beaucoup d'Ouvriers avant qu'elle soit achevée et embellie comme il faut, car le bois ne peut pas suppléer au défaut de pierre.

Les Pays contigus et proches voisins de la Mer sont enrichis par son flux et le reflux, causé par sympathie et influence des Corps célestes, car à chaque reflux elle ne leur amène pas peu de Biens, mais grande quantité de précieuses Richesses.

L'on habille de beaux et riches vêtements une Fille à marier, afin que son Époux la trouve belle, et la voyant ainsi parée, en devienne amoureux. Mais quand ils doivent coucher ensemble, on lui ôte toutes ses sortes d'habits, et on ne lui laisse que celui qu'elle a apporté du ventre de sa Mère en venant au monde.

Tout de même aussi, quand on doit marier notre Époux Apollon avec sa Diane, on doit leur faire diverses sortes de vêtements; leur laver la tête, et même tout le corps, avec de l'Eau qu'il faudra préparer par plusieurs Distillations, car il y a de plusieurs sortes d'Eaux, les unes plus excellentes, et les autres moins, et selon que le requiert leur divers usages à peu près, comme je viens de dire, que l'on se sert de diverses sortes de breuvages dans les Cours des Princes et des Seigneurs.

Si quelques vapeurs s'élèvent de la Terre, et se condensent dans l'Air, sache qu'elles retombent, à cause de la pesanteur naturelle de l'Eau, et que la Terre reçoit derechef son humidité perdue ; de laquelle elle se délecte et se nourrit, et par laquelle elle est rendue plus propre à produire son fruit. C'est pourquoi l'on doit réitérer ses préparations d'Eaux par beaucoup de Distillations ; de manière que la Terre soit souvent imbibée de son humeur, et que cette humeur soit tirée autant de fois, que l'Euripe laisse de fois à sec la Terre, vers laquelle il retourne toujours jusqu'à ce qu'il ait achevé son cours ordinaire.

Quand donc le Palais Royal sera bâti avec bien de la peine, et paré avec grand soin, et que la Mer de verre l'aura par son flux et reflux enrichi de beaucoup de Richesses, le Roi y pourra sûrement entrer et s'y loger.

Mais mon Ami, prends garde que la conjonction du Mari avec son Épouse, ne se fasse qu'après avoir ôté tous leurs habits et ornements, tant du visage que de tout le reste du corps, afin qu'ils entrent dans le tombeau aussi nus que quand ils sont venus au monde, de peur que leur demeure ne se rende pire, et ne se gâte par le mélange de quelque chose étrangère.

Je veux encore t'apprendre, comme par supplément, que la précieuse Eau de laquelle il faut laver le Roi, se doit faire avec grand soin et beaucoup d'industrie, par le combat de deux Champions (j'entends de deux diverses Matières) car l'un d'eux doit donner le défi à l'autre, pour se rendre plus prompt et encouragé à remporter la victoire. Car il ne faut pas que l'Aigle seul fasse son nid au sommet des Alpes, parce que ses Aiglons mourraient à cause des neiges qui couvrent le sommet. Mais si tu joins un horrible Dragon, qui est toujours dans les Cavernes de la Terre, et qui a toujours habité les Montagnes froides, et couvertes de neige, Pluton soufflera de telle sorte, qu'enfin il chassera du froid Dragon un esprit volant et igné, qui, par la violence de sa chaleur, brûlera les ailes de l'Aigle, et jettera une chaleur par si longtemps, que la neige, qui est au haut des Montagnes, se fondra et se réduira en eau, afin de bien préparer un Bain minéral propre et très sain pour Roi.

TROISIÈME CLEF DE L'ŒUVRE DES PHILOSOPHES

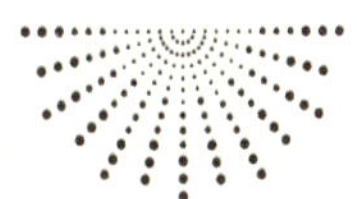

Le feu peut être étouffé et éteint par l'eau, et beaucoup d'eau versée sur un peu de feu s'en rend maîtresse. De même notre Soufre igné doit être fait, modéré, et dument vaincu par l'Eau, et ensuite sa force ignée doit à son tour surmonter et dominer, les Eaux se retirant. Mais l'on ne saurait ici remporter la victoire, si le Roi n'a empreint, sa force et sa vertu à son Eau, et s'il ne lui a donné une clef de sa livrée ou couleur Royale, pour être dissout par elle et rendu invisible. Il doit néanmoins reparaître et se présenter à la vue. Et quoi que cela ne se puisse faire qu'avec dommage et lésion de son corps, cette lésion toutefois se fera avec augmentation de sa nature et vertu.

Un Peintre peut mettre une autre couleur sur un blanc jaunâtre, un jaune rougeâtre et un vrai rouge. Et quoi que toutes ces autres couleurs demeurent ensemble, cependant la dernière est la plus en vue, et tient le premier rang par-dessus les autres. Il faut faire de même en notre Magistère. Quand tu l'auras fait, saches que la lumière de toute sagesse s'enlève, laquelle resplendit même dans les ténèbres, et toutefois ne brûle pas et n'est pas brûlée ; car notre Soufre ne brûle point et n'est point brûlé, encore qu'il épande et darde sa lumière bien au loin. Il ne teint point, s'il n'est auparavant préparé et teint de sa propre teinture, pour pouvoir teindre les Métaux malades et imparfaits. Et ce Soufre ne peut teindre, si l'on ne lui donne et empreint vivement cette couleur; car jamais le plus faible ne remporte la victoire, parce que le plus fort la lui ôte, et le plus faible est contraint de la céder au plus fort.

Ainsi, de ce que je t'ai dit, tire cette conséquence, que le faible jamais ne peut rien forcer ni aider le faible, et qu'une Matière combustible ne peut préserver d'embrasement une autre Matière combustible. Si l'on a donc besoin de Protecteur pour défendre la Matière combustible, tel Protecteur doit nécessairement avoir plus de force et de vertu que la Partie qu'il a à défendre, et étant hors de danger de combustion, il doit par sa vertu naturelle vivement résister au feu. Quiconque voudra préparer notre Soufre incombustible, qu'il le cherche dans une Matière où il est incombustiblement incombustible. Ce qui ne se peut faire avant que la Mer salée ait englouti un Corps, et ensuite rejeté, lequel Corps doit être sublimé jusqu'à tel degré qu'il surmonte de beaucoup en splendeur les autres Astres, et que son sang soit tellement augmenté et perfectionné, qu'il puisse comme le Pélican becquetant sa poitrine sans faire aucun tort à sa santé, ni sans incommodité les autres parties de son corps, nourrir tous ses Petits de son propre sang. C'est cette Rosée des Philosophes, de couleur purpurine, et ce Sang rouge du Dragon, duquel ils ont parlé et Écrit. C'est cette Écarlate de l'Empereur de notre Art, de laquelle est couverte la Reine de salut, et cette Pourpre de laquelle tous les Métaux froids et imparfaits sont échauffés et rendus accomplis.

C'est ce superbe Manteau, avec le Sel des Astres, qui suit ce Soufre céleste, gardé soigneusement, de peur qu'il ne se gâte, et qui les fait voler comme un Oiseau, autant qu'il est besoin, et le Coq mangera le Renard, et se noiera et étouffera dans l'Eau, puis reprenant vie par le feu, sera (afin de jouer chacun leur tour) dévoré par le Renard.

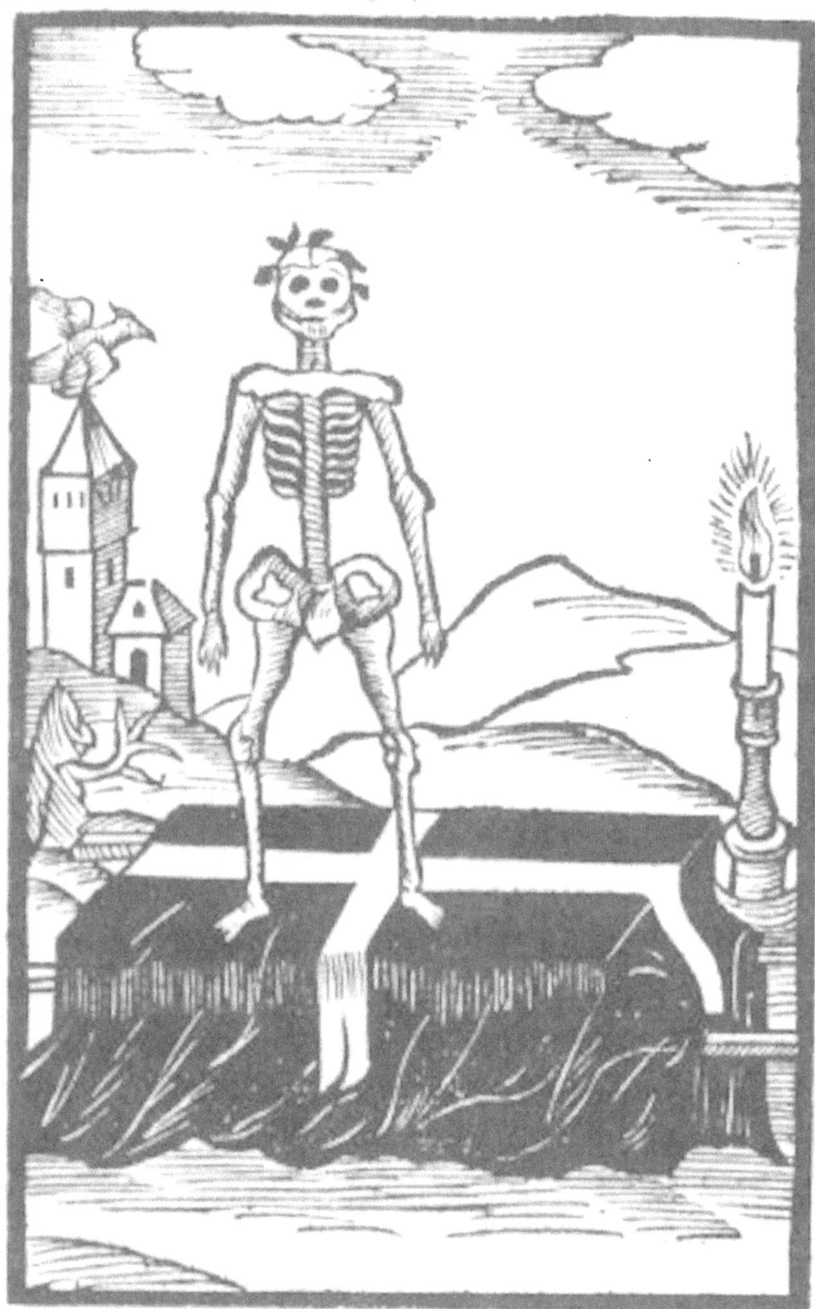

QUATRIÈME CLEF DE L'ŒUVRE DES PHILOSOPHES

Toute chair née de la Terre sera dissoute, et retournera en Terre, afin que ce Sel terrestre aidé par l'Influence des Cieux, fasse lever un nouveau Germe ; car s'il ne se fait aucune terre, il ne se pourra aussi faire aucune résurrection en notre Œuvre, parce que le Baume de Nature est caché en la terre, comme aussi le Sel de ceux qui y ont cherché la connaissance de toutes choses.

Au jour du Jugement, le Monde sera jugé par le feu, et ce qui a été fait de rien, sera par le feu réduit en cendre, de laquelle renaîtra un Phœnix, car en elle est caché le vrai Tartre, lequel étant dissout, l'on peut ouvrir les plus fortes serrures du Palais Royal.

Après l'embrasement général ; il se fera une nouvelle Terre, et de nouveaux Cieux, et un Homme nouveau, bien plus splendide et glorieux qu'il n'était lorsqu'il vivait au premier Monde, parce qu'il sera clarifié.

De cendres et de sable décuit au feu, un Verrier fait du verre à l'épreuve du feu, et de couleur semblable à de claires Pierreries, et l'on ne le regarde comme cendres. L'Ignorant attribue cela à grande perfection ; mais non pas l'Homme docte, d'autant que par l'expérience, et la connaissance qu'il en a, cette opération lui est devenue familière.

On change les pierres en chaux propre à beaucoup de choses, et avant que la chaux soit faite par le moyen du feu, ce n'est autre chose que pierre, de laquelle on ne se peut servir au lieu de chaux ; mais elle se cuit par le feu, et recevant de lui un haut degré de chaleur, elle acquiert une vertu tellement propre, que l'esprit igné de la chaux est venu à sa perfection, et qu'il n'y a rien qui lui puisse être comparé.

Toute chose réduite en cendres, montre et manifeste son Sel. Si dans sa Dissolution, tu sais garder séparément son Soufre et son Mercure, et de ces deux derniers redonner avec industrie ce qu'il faut en donner au Sel, il se pourra faire le même Corps que devant sa dissolution: Ce que les Sages de ce Monde appellent folie, et disent qu'il est impossible à l'Homme pêcheur de faire une nouvelle Créature, ne prenant pas garde que ça été auparavant une Créature, et que l'Artiste, en faisant démonstration de sa science, a seulement multiplié la semence de la Nature.

Celui qui n'a point de Cendres, ne peut faire

de Sel propre à notre Œuvre, car elle ne saurait se faire sans Sel, parce qu'il n'y a rien que lui qui donne de la force à toutes choses.

Comme le Sel commun conserve toute choses, et les préserve de pourriture ; de même le Sel des Philosophes défend et préserve tous les Métaux, et empêche qu'ils ne soient entièrement détruits, conservant son baume et son esprit qu'ils ont en eux ; car autrement il demeurerait un corps mort, qui ne pourrait plus servir à rien, parce que les Esprits métalliques le quitteraient, lesquels étant ôtés et perdus par la mort naturelle ; laisseraient leur domicile vide et mort, dans lequel on ne pourrait plus remettre de vie.

Mais, mon Ami, sache que le Sel provenant des Cendres, a pour le plus souvent une vertu occulte, il ne peut servir de rien, si son dedans n'est tourné au dehors; car il n'y a que l'Esprit qui donne la vie et la force; le Corps ne peut rien seul. Si tu peux trouver cet Esprit, tu auras le Sel des Philosophes, et l'Huile vraiment incombustible, si renommée dans les Livres des anciens Sages.

CINQUIÈME CLEF DE L'ŒUVRE DES PHILOSOPHES

La vie, qui est cachée dans la Terre, produit choses qui en prennent naissance. Quiconque donc dit que la Terre n'est point animée, ne dit pas la vérité ; car ce qui est mort ne peut rien donner à un vivant, et n'est susceptible d'aucune chose, parce que l'Esprit de vie s'en est séparé. C'est pourquoi l'Esprit est la vie et l'âme de la Terre, où il demeure et acquiert ses vertus, emprunte à la Nature terrestre, par l'Être céleste et propriétés des Astres. Car toutes les Herbes, les Arbres, les Racines, les Métaux et les Minéraux reçoivent leur force et nourriture de l'Esprit de la Terre, parce que c'est la vie que cet Esprit qui est nourri des Astres, substante toutes choses qui croissent sur la Terre. Et comme la Mère nourrit elle-même l'Enfant qu'elle porte dans son ventre ; de même la Terre produit et nourrit de l'Esprit, descendu du

Ciel, les Minéraux qu'elle porte dans ses entrailles.

Ce n'est donc pas la Terre qui donne les Formes à chaque Nature, mais bien l'Esprit de vie qu'elle contient : Et si elle était une fois destituée de son Esprit, elle serait morte, et ne pourrait donner aucun aliment, parce qu'elle manquerait de l'Esprit de son Soufre, qui conserve la vertu vitale, et qui de sa vertu fait germer toutes choses.

Deux choses Contraires demeurent bien ensemble, néanmoins ils ne se peuvent bien s'accorder ; car vous voyez que mettant le feu dans la poudre à Canon, ces deux Esprits, dont elle est composée, se séparent l'un de l'autre avec un grand bruit et une grande violence ; et s'envolant en l'Air ne peuvent plus être vu de personne. On ne sait où ils sont allés, ni ce qu'ils sont devenus, si l'on n'a appris ce qu'ils sont, et en quelle matière ils étaient cachés.

Par là tu connaîtras que la vie n'est qu'un pur Esprit, c'est pourquoi tout ce que l'Ignorant estime être mort, doit vivre d'une vie incompréhensible, visible néanmoins et spirituelle, et être conservé en elle. Si tu veux que la vie coopère avec la vie, ces Esprits sont alimentés et nourris de Rosée du Ciel, et prennent leur extraction d'un Être céleste, élémentaire et terrestre, que l'on nomme Matière sans Forme.

Et tout ainsi comme le Fer attire à soi l'Aimant par la sympathie et la qualité occulte qui est entre eux deux ; de même il y a dans notre Or de l'Aimant qui est la première Matière de notre Pierre précieuse. Si tu entends ceci, te voilà assez riche, et assez heureux pour ta vie.

Je te veux encore t'apporter un exemple. En regardant dans un Miroir, on voit la réflexion des Espèces, la même ressemblance de celui qui regarde ; et si celui-là veut toucher de la main son image, il ne touche que le Miroir, qu'il a regardé. De même aussi l'on doit tirer de cette Matière un Esprit visible, qui soit néanmoins incompréhensible. Cet Esprit est la Racine de vie de nos Corps, et le Mercure des Philosophes, duquel l'on prépare industrieusement la Liqueur de notre Art, que tu rendras derechef matérielle, et fera parvenir par certains moyens d'un degré très bas, à une souveraine perfection de la plus parfaite Médecine. Car notre Commencement est un Corps bien lié et solide ; le Milieu est un Esprit fuyant et une Eau d'Or sans aucune corrosion, par le moyen de laquelle les Sages jouissent de leurs désirs en cette vie, et la Fin est une Médecine bien fixe, tant pour le Corps humain, que pour les Corps Métalliques, la connaissance de laquelle a été plutôt donné aux Anges qu'aux Hommes, quoi que quelques-uns l'aient eu, qui l'ont demandée instamment et avec prières continuelles à Dieu, et n'usent d'ingratitude ni envers lui ni envers les Pauvres.

Et de surcroît, je te dis ceci avec vérité, qu'un travail doit succéder à un travail, et une opération suivre une autre opération ; car au commencement l'on doit bien purger et nettoyer notre Matière, puis la dissoudre, la mettre en pièce, et la réduire en poudre, et en cendres. Après quoi on doit faire un Esprit volatil aussi blanc que neige, et un autre aussi volatil et aussi rouge que sang. Ces deux là en contiennent un troisième ; et ce n'est toutefois qu'un seul Esprit, et ce sont eux trois qui conservent et prolonge la vie. Conjoints les ensemble, et leur donne une boisson et un manger, qui soient propres à leur nature, et les tiens en un lit de rosée, qui soit chaud jusqu'au terme de la génération. Et tu verras quelle Science Dieu t'a donné ainsi que la Nature. Et sache que jamais je ne me suis ouvert et allé si loin, que de découvrir tels Secrets, et Dieu a tant donné de force à la Nature et lui fait faire tant de miracle, qu'à peine l'Hommes peut-il les croire. Mais il m'a été donné certaines bornes et limites pour écrire, afin que ceux qui viendront après moi pussent publier les effets admirables de la Nature, lesquels, quoique Dieu permette d'en traiter sont néanmoins estimés par les Ignorants illicites et surnaturels. Mais le naturel prend son origine du surnaturel, et toutefois si tu conjoints toutes ces choses tu ne trouveras rien que de purement naturel.

SIXIÈME CLEF DE L'ŒUVRE DES PHILOSOPHES

Le Mâle sans Femelle n'est qu'un demi Corps, comme aussi la Femelle sans Mâle ; car étant l'un sans l'autre, ils ne peuvent engendrer et multiplier leurs Espèces, mais quand ils sont mariés et mis ensemble, ils sont un Corps parfait et accomplit, et propre à la génération.

Un Champ trop ensemencé, étant surchargé devient infructueux, et ses fruits ne peuvent parvenir à maturité. Aussi ne l'étant pas aussi assez, il ne vient que bien peu de grain, et encore mêlé avec beaucoup d'ivraie inutile.

Le Marchand, qui veut acheter et débiter sa marchandise avec conscience, la donne à son prochain selon le taux de Justice, de peur d'encourir la malédiction, mais pour sembler faire plaisir aux Pauvres.

Beaucoup de Gens se noient dans les grandes et profondes Rivières, mais aussi les Ruisseaux sont aisément taris et desséchés par la chaleur du Soleil et nous en sommes aisément privés.

Voilà pourquoi afin d'avoir bonne issue de ton entreprise, tu prendras garde diligemment à choisir avec prudence, un certain poids et mesure en la conjonction des Liqueurs Physiques, afin que le plus grand ne pèse pas plus que le moindre, et de peur que l'action du moindre, étant débilitée ou empêchée, la génération ne soit aussi retardée ; car les trop grandes pluies ne sont pas bonnes aux fruits de la Terre, et la trop grande sécheresse les avance par trop tôt, et les fait mourir devant le temps. Puis le Bain étant entièrement préparé par Neptune, mesure avec grande industrie et diligence ton Eau permanente, et garde-toi bien de manquer, en donnant ou trop ou trop peu.

L'on doit donner à manger un Cygne blanc à l'Homme double ignée, afin qu'ils se tuent l'un l'autre, et ressuscitent l'un avec l'autre. Que l'Air qui vient des quatre Parties du Monde occupe les trois parts du Logis fermé de cet Homme igné, afin que l'on puisse entendre le chant du Cygne, disant son dernier adieu, et le Cygne rôti sera pour la table du Roi. Et la voix mélodieuse de la Reine plaira grandement aux oreilles du Roi igné ; il l'embrassera aimablement pour la grande affection qu'il lui porte, et en sera repu jusqu'à ce qu'ils disparaissent tous deux, et que d'eux deux ne soit fait qu'un Corps.

Un seul est aisément vaincu et surmonté par les deux autres, principalement s'ils peuvent exercer leur malice. Propose-toi donc comme une chose du tout arrêtée, qu'il est besoin du souffle d'un double vent que l'on appelle *Vulturne ou Sud Sud-Est,* puis d'un vent simple qui se nomme *Eurus* ou *vent de Levant et du Midi.* Après qu'ils se seront apaisés, et que l'Air sera converti en Eau, tu croiras à bon droit qu'il se fera une chose corporelle d'une incorporelle, et que le nombre prendra la domination sur les quatre Saisons de l'année au quatrième Ciel, après que les sept Planètes auront l'une après l'autre fait le temps de leur domination, qu'il achèvera son cours dans le bas du Palais, et sera rigoureusement examiné. Et ainsi les deux auront surmonté le seul et l'auront mis à mort.

Si tu désires acquérir par ton Art de grandes Richesses, tu as besoin d'une grande prudence et de beaucoup de doctrine, afin que se fassent dûment la division et la conjonction: Ne mets pas un poids faux, et le premier qui se rencontrerait par hasard devant toi. C'est ici le vrai fondement solide de tout le Magistère, que tu mettes à fin et perfection ce que je t'ai dit, par le Ciel de l'Art, par l'Air, et par la Terre, vraie Eau et Feu semblable, et par conjonction et admission de poids, mise comme je t'ai enseigné avec toute vérité.

Sigillum Hermetis
C
H
A
O
S
Hiems
Ver
Æstas
Autumnus
AQVA
Sal Philosophorū

SEPTIÈME CLEF DE L'ŒUVRE DES PHILOSOPHES

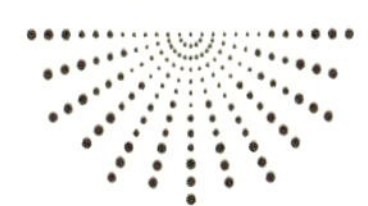

La chaleur naturelle conserve la vie de l'Homme, étant dissipée et perdue, il est de nécessité qu'il meure.

L'usage modéré du feu nous défend des injures du froid ; mais si tu en veux user outre raison et plus qu'il ne faut, il nuit et apporte de la corruption.

Il n'est pas besoin que le Soleil touche la Terre de près de son Corps et Substance ; il suffit qu'il lui communique sa vertu et lui donne des forces, par le moyen de ses rayons dardés vers elle; car par leur réflexion, il a assez de force pour l'acquitter de sa charge, et par la continuelle concoction, il fait mûrir toutes choses, parce que ses rayons brûlant se dispersant par l'Air, en sont tempérés, de sorte que le Feu, moyennant l'Air, et l'Air moyennant le Feu, s'entraidant l'un l'autre produisent leurs effets.

La Terre ne peut rien produire sans l'Eau, ni l'Eau sans la Terre ne peut rien faire germer. Or tout ainsi que l'Eau et la Terre, ne s'entraidant point, ne peuvent rien engendrer séparément, de même le Feu ne peut de passer de l'Air, ni l'Air du Feu, car ôtant l'Air du Feu, vous lui ôtez sa vie. Le Feu aussi étant éteint, l'Air ne peut faire aucune de ses fonctions ni par sa chaleur vivifier ni consumer l'humidité superflue de l'Eau.

Les Vignes ont besoin d'une plus grande chaleur en Automne pour avancer et faire parfaitement mûrir les Raisins, déjà presque murs, qu'au commencement du Printemps ; plus il a fait chaud en Automne, plus elles rendent de meilleur vin, et plus délicat. Au contraire, moins il y a eu de chaleur, moins aussi rapportent-elles de vin, qui même n'a pas de force, et qui ne sent que l'eau.

En Hiver, le commun Peuple, voyant la Terre toute gelée et ne pouvant rien produire de vert, estime que tout est mort; venant le Printemps, et le froid se retirant, vaincu par la chaleur du Soleil, qui monte sur notre Horizon, toutes choses lui semblent reprendre la vie. Les Arbres et Herbes commencent à pousser ; les Animaux qui fuyant la dure rigueur de l'Hiver, s'étant cachés dans les Cavernes de la Terre, sortent de leurs Grottes ; tout sent bon, et l'agréable diversité de couleurs et de fleurs fait preuve des vertus et forces de tout ce qui commence à reverdir. L'Été venant après, il naît de cette variété de fleurs toutes sortes de fruits. L'Automne qui le suit, les perfectionne et les mûrit. C'est pourquoi nous remercions éternellement Dieu, qui a constitué un si bel ordre, et une telle suite dans les choses naturelles.

Ainsi se suivent et coulent toutes les Saisons, après une année vient l'autre, et cela se continuera jusqu'à ce que Dieu fasse périr le Monde, et que ceux qui possèdent la Terre soient glorieusement élevés par le Dieu de gloire, et mis en honneur. De là cessera toute action de Créature terrestre et sublunaire, et à sa place, il viendra une autre Créature céleste et infinie.

En Hiver, le Soleil faisant sa course bien loin de nous, ne peut pas traverser ni fondre les grandes neiges, mais au Printemps, s'étant approché il échauffe l'air, et sa force étant augmentée, il fond la neige, et la résout en eau, car le plus faible est contraint de quitter au plus fort.

Il faut prendre garde et gouverner le feu, de peur que l'humeur de Rosée ne soit desséchée plutôt qu'il ne faut, et qu'il ne se fasse une trop hâtive liquéfaction, et dissolution de la Terre des Sages. Si tu fais autrement tu ne peupleras ton Vivier que de Scorpions au lieu de bon Poisson. Si donc tu veux bien mener toutes tes Opérations prends l'Eau céleste sur laquelle était porté et se mouvait au Commencement l'Esprit de Dieu, et ferme la porte du Palais royal ; car par après tu verras le Siège mis devant la Ville céleste par les Ennemis mondains. C'est pourquoi il faut fortifier et entourer ton Ciel de triple Muraille, Rempart et Fossé, et ne laisse qu'une seule Avenue ouverte et libre, bien munie de fortes Garnisons. Ayant mis ordre à cela, allume la lumière de sagesse, la dragme perdue, et éclaire tant qu'il sera nécessaire. Sache que les Animaux rampants, et autres imparfaits, habitent la Terre à cause de la froide disposition de leur nature. Mais à l'homme est assigné un domicile au-dessus de la Terre, à cause de l'excellent tempérament de sa nature. Et les Esprits célestes n'étant pas composés d'un corps terrestre, et sujets à péchés et corruption comme celui de l'Homme, mais d'un corps céleste et incorruptible, ils ont un tel degré de perfection, qu'ils peuvent, sans être aucunement offensés, supporter indifféremment le froid et le chaud. Mais l'Homme clarifié ne sera pas moindre que les Esprits célestes, et leur sera en tout semblables. Dieu gouverne le Ciel et la Terre, et fait tout dans toutes choses.

Enfin, si nous gouvernons bien nos Amis, nous serons Enfants et Héritiers de Dieu, afin de mettre en exécution ce qui nous semble maintenant impossible ; mais cela ne se peut faire avant que toute l'Eau soit tarie et desséchée, et que le Ciel et la Terre, ne soient jugés avec le Genre Humain et consumés ensemble par le feu.

HUITIÈME CLEF DE L'ŒUVRE DES PHILOSOPHES

Il ne se peut faire aucune génération ni d'Homme, ni d'aucun autre Animal sans putréfaction, et aucune Semence jetée en terre, ou quelque chose que ce soit de végétable ne peut germer, sans que premièrement elle se pourrisse: beaucoup d'Animaux imparfaits prennent leur vie et origine de la seule pourriture, ce qu'à bon droit l'on doit mettre entre les merveilles de Nature, qui fait ceci, parce qu'elle a caché en Terre une grande vertu productive, qui se lève, excitée par les autres Éléments, et par l'influence de la Semence céleste.

Les bonnes Femmes des Champs en savent bien donner un exemple; car elles ne peuvent élever une Poule pour leur petit ménage, sans putréfaction de l'Œuf, dont est éclos le petit Poulet.

De pain, mis dans du miel, naissent des Fourmis, par la pourriture qu'en attire le miel ; ce qui n'est pas aussi petite merveille de Nature.

Nous voyons tous les jours qu'il s'engendre des Vers de chair gâtée et pourrie dans le corps des Hommes, des Chevaux, et d'autres Bêtes : Comme aussi les Araignées, des Vers et autres Vermines, dans les Noix pourries, dans les Poires et autres fruits semblables. Bref qui peut nombrer les espèces infinies des Animaux infectes et imparfaits, qui naissent de pourriture et corruption ?

Cela se montre aussi manifestement dans les Plantes, où l'on voit qu'il croît beaucoup de sortes d'herbes, comme Orties et autres, de la seule pourriture dans les lieux même où telles herbes n'ont jamais été ni semées ni plantées. La raison en est que la terre de tels lieux a une certaine disposition à produire ces méchantes herbes, et étant engraissée de leurs semences, infuses dans ses entrailles, par les Corps célestes, et excitée par leur propre pourriture à germer et reverdir, lesquelles Semences venant à aider le concours des autres Éléments, produisent une Substance corporelle, convenante en leur nature. Ainsi les Astres peuvent faire lever, par le moyen des Éléments, une nouvelle Semence que l'on n'ait point encore vue, laquelle étant plantée dans terre et pourrie, peut croître et multiplier. Mais l'Homme n'a pas la puissance ni la vertu de produire une nouvelle Semence ; car l'on ne lui a pas commis le gouvernement des opérations élémentaires et célestes ; et il s'engendre diverses sortes d'herbes de la seule pourriture; ce qui étant rendu trop familier au Peuple, par la fréquente expérience qu'il en a, il ne les considère pas exactement ces Générations, et ne pouvant s'en imaginer aucunes Causes, il pense qu'elles ne sont pas coutume. Mais toi, qui dois avoir une Science plus relevée, pénètre plus avant que le Vulgaire, et cherche par raisons les Principes et les Causes d'où (moyennant la putréfaction) provient une telle vertu vitale, non pas comme la connaît le simple Peuple par l'accoutumance ; mais comme le doit savoir le sage et diligent Inquisiteur des Effets de la Nature, vu que toute vie provient de pourriture.

Chaque Élément est sujet à génération et corruption, c'est pourquoi tout Amateur de la Sagesse doit savoir qu'en chacun d'eux les trois autres sont occultement contenus; car l'Air contient en soi le Feu, l'Eau et la Terre, ce qui est très vrai, quoique cela semble incroyable. De même le Feu comprend l'Air, l'Eau et la Terre : La Terre contient l'Eau, l'Air et le Feu ; autrement il ne se pourrait faire aucune génération. Enfin l'Eau enclot en soi la Terre, l'Air et le Feu, autrement elle ne serait pas propre à produire aucune chose, et quoique chaque Élément soit distingué formellement de chacun des autres, ce n'est pas à dire pour cela ils soient séparés d'ensemble, comme on le voit clairement en la séparation des Éléments par distillation.

Or afin que l'Ignorant n'estime pas mon discours frivole et ne servant à rien, je veux te le démontrer par preuves suffisantes. Apprends donc, toi qui est curieux de savoir la dissection et l'anatomie de la Nature, et la séparation des Éléments, qu'en la distillation de la Terre, l'Air comme étant plus léger que les deux autres, se distille le premier, et puis après l'Eau: Le Feu, à cause de sa nature spirituelle, commune à l'un et à l'autre, et sa naturelle sympathie, est conjoint avec l'Air, et la Terre demeure au fond du Vaisseau, et contient le Sel de gloire. Dans la distillation de l'Eau, le Feu et l'Air sortent les premiers, et ensuite l'Eau, dans la partie terrestre demeure toujours au fond. De même du Feu, réduit en Substance visible et plus matérielle que de coutume, on en peut tirer le Feu, l'Air, l'Eau et la Terre, et les conserver à part. Semblablement l'Air est dans les trois autres, pas un d'eux ne se pouvant se passer de lui, la Terre n'est rien, et ne peut rien produire sans l'Air. Le Feu ne peut brûler et ni vivre sans lui. L'Eau, manquant d'Air, ne cause aucune génération. Outre cela, l'Air ne consume rien, et ne dessèche aucune humidité sans chaleur naturelle. Se trouvant donc une chaleur dans l'Air, par conséquent il doit y avoir du Feu : car tout ce qui est de nature chaude et sèche, doit aussi participer de la nature du Feu. C'est pourquoi tous les quatre Éléments doivent être conjoints ensemble, et ils ont toujours soin l'un de l'autre. Aussi voit-on qu'ils sont mêlés ensemble en la production de toutes choses. Celui qui contredit une telle Doctrine, n'a jamais entré dans le cabinet de la Nature, et n'a pas visité ses Secrets les plus cachés.

Sache que ce qui naît par putréfaction, est ainsi engendré. La Terre se corrompt aucunement à cause de l'humeur qu'elle a, laquelle est le Principe de putréfaction ; car rien ne peut pourrir sans humeur ; à savoir sans l'Élément humide de l'Eau. Or si la génération doit provenir de pourriture, elle doit être excitée par la chaleur qui se rapporte à l'Élément du Feu; car rien ne peut venir au monde sans chaleur naturelle. Pour conclusion, si la chose, qui doit être produite, à besoin d'Esprit vital et de mouvement, il lui faut aussi de l'Air; car s'il ne coopérait point avec les autres, et ne faisait sa fonction, la génération, ou plutôt la matière de la chose qui doit être produite, s'étoufferait elle-même par faute d'Air; et la génération, redeviendrait corruption. D'où il est plus clair que le jour, que les quatre Éléments sont grandement nécessaires en toute génération. Et d'avantage, chacun d'eux fait voir clairement ses forces et opérations en chacun des autres ; mais principalement en la corruption ; car sans elle rien ne peut et ne pourra jamais venir au monde. Et tiens cela pour constant, que les quatre Éléments sont requis à toute production de quelque chose que ce soit.

On doit connaître par-là qu'Adam, que Dieu créa du limon de la Terre, n'exerça aucune action vitale, et ne vécu point jusqu'à ce que Dieu lui eût imprimé le souffle ou esprit de vie, et qu'aussitôt que cet esprit lui fut infus, il commença à vivre. Le Sel c'est-à-dire son Corps, se rapportait à la Terre, l'Air inspiré était le Mercure, c'est-à-dire l'Esprit, et le souffle de l'inspiration lui donnait une chaleur vitale, et s'était le Soufre, c'est-à-dire le Feu. Aussitôt Adam commença à se mouvoir, et donna par ce mouvement une assez suffisante preuve d'une Âme vivante ; car le Feu ne peut pas être sans l'Air, ni de même l'Air sans le Feu ; l'Eau était mêlée à tous deux égale et proportion.

Adam fut donc premièrement composé de Terre, d'Eau, d'Air et de Feu, après d'Âme, d'Esprit et de Corps ; puis de Mercure, de Soufre et de Sel.

Ève semblablement, la première Femme, et notre première Mère participa de toutes ces choses ; car elle fut tirée et produite d'Adam, qui en était composé. Remarque cela que je viens de dire. Or, afin de retourner à mon propos de la putréfaction, il faut que tout Amateur et Inquisiteur de Sagesse tienne pour certain, que semblablement aucune Semence Métallique ne peut opérer, et ne peut être aucunement multipliée, si elle n'a été entièrement pourrie de soi-même, et sans mélange d'aucune chose étrangère; et comme nulle Semence végétable ou animale ne peut, comme il a déjà été dit, étendre ni multiplier son espèce sans putréfaction, de même faut-il en juger des Métaux : Et cette putréfaction doit se faire par les opérations des Éléments ; non qu'ils soient comme j'ai déjà enseigné, leur Semence ; mais parce que la Semence Métallique, prenant sa naissance d'un Être céleste, astral et élémentaire, étant réduit en un Corps sensible, doit être putréfié par le moyen des Éléments.

De plus, remarque que le vin a un esprit volatil ; car en le distillant l'esprit sort le premier, et le phlegme le dernier. Mais étant, par chaleur continue, tourné en vinaigre, son esprit n'est plus si volatil; car en la distillation du vinaigre, le phlegme aqueux monte le premier au haut de l'Alambic, et l'esprit le dernier, quoique ce soit une même matière en l'un et l'autre. Il y a bien néanmoins d'autres qualités au vinaigre que dans le vin, parce que le vinaigre n'est plus vin, mais une pourriture du vin, qui par la continuelle chaleur, s'est changé en vinaigre : Et tout ce qui est tiré par le vin ou par son esprit, et rectifié dans un Vaisseau circulatoire, à bien d'autres forces et opérations que ce qui est tiré par le vinaigre : Car si on tire le verre de l'Antimoine par le vin ou par son esprit, il est trop laxatif et purge avec trop de véhémence par en haut, d'autant que sa vertu vénéneuse n'étant pas surmontée et éteinte, il est encore empreint de poison; mais si on le tire par vinaigre distillé, ce qui en viendra, sera de belle couleur. Et puis, si tirant le vinaigre par le Bainmarie, l'on lave la poudre jaune qui demeure au fond, en versant beaucoup de fois de l'eau commune dessus, et la retirant autant de fois et qu'on ôte toute la force du vinaigre, il se fait une Poudre douce, qui ne lâche pas le ventre comme devant ; mais qui est un excellent Remède qui guérissant beaucoup de maladies, est à bon droit réputé entre les merveilles de la Médecine.

Cette Poudre mise en lieu humide, se résout en Liqueur, qui sans faire aucune douleur, est très souveraine pour les maladies externes. Que cela suffise.

En ceci consiste tout le principal de cette huitième Clef; à savoir qu'une Créature céleste, la vie de laquelle est nourrie des Astres, et alimentée des quatre Éléments, meure, puis se putréfie. Après cela, les Astres, moyennant les Éléments, qui ont cette charge, redonneront de nouveau la vie à ce Corps pourri, afin qu'il s'en fasse un céleste, qui prendra sa plume en la plus haute ville du Firmament. Ayant fait cela tu verras le terrestre entièrement consumé par le céleste; et le Corps terrestre toujours en céleste Couronne d'honneur et de gloire.

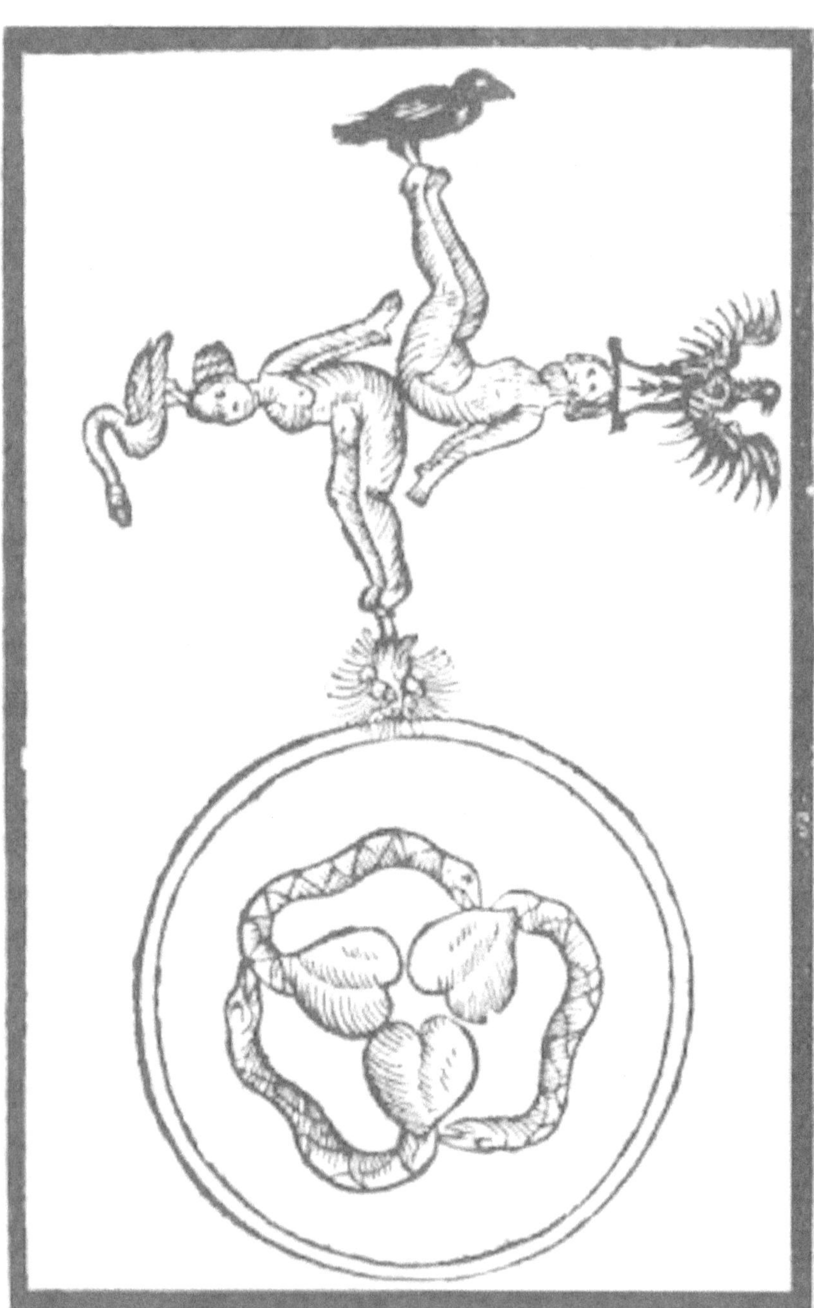

NEUVIÈME CLEF DE L'ŒUVRE DES PHILOSOPHES

Saturne la plus haute des Planètes, est le plus bas et abject en notre Magistère. Il tient néanmoins la principale Clef, et étant le vil, et n'ayant presque point d'autorité, il tient le plus beau lieu. Et quoique par sa volonté il soit monté au plus haut par-dessus les autres Planètes, il doit toutefois descendre au plus bas, en lui coupant les ailes. Sa lumière obscure doit être grandement diminuée, et toute la perfection de l'Œuvre doit venir par la mort, afin que le noir soit changé en blanc, et que le blanc prenne la couleur rouge. Il doit aussi surmonter toutes les autres Planètes par l'avènement de toutes les couleurs qui sont au Monde, que l'on verra jusqu'à ce que vienne la couleur surabondante du Roi triomphant et comblé d'honneur; marque très certaine de la victoire. Et encore que Saturne semble le plus vil et le moindre de toutes les Planètes, il ne laisse pas d'avoir une si grande vertu et une telle efficace, que sa noble Essence, qui n'est autre chose qu'un froid par trop excédant, étant conjointe avec un Corps Métallique volatil et igné, il le rend fixe, et aussi solide, et même meilleur et plus ferme et permanent qu'il ne l'est lui-même. Cette Transmutation prend son origine du Mercure, du Soufre et du Sel, et se faisant par eux, on prend aussi sa fin et sa dernière période. Ceci passera la portée de plusieurs, ce Mystère étant à la vérité si haut, que difficilement le peut-on comprendre. Mais d'autant plus que la Matière est vile et abjecte, d'autant plus doit être l'Esprit relevé et subtil, afin d'entretenir l'inégalité du Monde, et que les Maîtres puissent être distingués des Serviteurs, et les Serviteurs reconnus à leur ministère d'avec les Maîtres.

De Saturne, préparé avec industrie sortent beaucoup de couleurs, comme la noire, la grise, la jaune et la rouge, et d'autres moyennes entre celles-ci. De même la matière des Philosophes doit prendre et laisser beaucoup de couleurs, avant qu'elle parvienne à la fin et perfection désirée ; car autant de fois que l'on ouvre une nouvelle porte au feu, autant de fois le Roi emprunte de ses Créanciers de nouveaux habits, jusqu'à ce que se remettant en crédit, il devienne riche, et n'aie plus affaire d'aucun Créancier.

Vénus tenant en main le gouvernement du Royaume, et distribuant selon la coutume les Offices à chacun, apparaît la première, brillante et éclatante d'une manière Royale: La Musique porte devant elle un Étendard rouge, au milieu duquel est artistement dépeinte la Charité, vêtue d'un habit vert : Saturne est son Prévôt de l'Hôtel et Intendant de sa Maison, et lorsqu'il est en quartier, l'Astronomie marche devant lui, portant une Enseigne qui à la vérité est noire, mais qui est néanmoins le portrait de la Foi, habillée de jaune et de rouge.

Jupiter avec son Sceptre est en qualité de Viceroi. La Rhétorique porte devant lui la Science, de couleur blanchâtre et grise, où est représentée l'Espérance avec de fort agréables couleurs.

Mars, Capitaine expérimenté au fait de la guerre, règne aussi, tout échauffé et par la chaleur. La Géométrie le devance, lui portant son Guidon teint de sang, au milieu duquel est empreinte l'effigie de la Force, vêtue d'un habit rouge, Mercure est le Chancelier de tout. L'Arithmétique porte son Enseigne, diversifiée de toutes les couleurs du monde, car il y en a une variété indicible et la tempérance est au milieu dépeinte, d'une admirable diversité.

Le Soleil est Gouverneur du Royaume, la Grammaire tient Étendard jaune, sur lequel on voit la Justice peinte en Or, et bien qu'un tel Gouvernement du avoir plus de puissance et autorité en son Royaume, Vénus l'a néanmoins surmonté par sa grande splendeur, et lui a fait perdre la vue.

Enfin la Lune paraît aussi, la Dialectique lui porte sa Bannière de couleur très blanche et reluisante, sur laquelle on voit la Prudence peinte de bleu. Et parce que le Mari de la Lune est mort, elle doit lui succéder au Royaume. C'est pourquoi ayant fait rendre le compte à Vénus, elle lui recommandera l'administration et surabondance du Royaume; et par l'aide du Chancelier, reformera l'État, et y mettra une nouvelle police, et ils prendront tous deux domination sur la noble Reine Vénus. Remarque donc qu'une Planète doit faire perdre à l'autre, Office, Domination et Royaume, et lui ôter toute puissance et majesté Royale, jusqu'à ce que les principales d'elles tiennent le Royaume en main, le conservant par leur constante et permanente couleur, remportant la victoire avec leur Mère et, elle dès le commencement conjointe, et en jouissent d'une perpétuelle et naturelle association et amour. Alors l'ancien Monde ne sera plus Monde; il en sera fait un autre nouveau en sa place, et une Planète aura tellement consommé spirituellement l'autre, que les plus fortes s'étant nourries des autres, seront seules demeurées de reste, et deux et trois auront été vaincus par un seul.

Remarque enfin qu'il te faut soulever la Balance céleste et mettre dans le côté gauche le Bélier, le Taureau, l'Écrevisse, le Scorpion et le Capricorne, et au côté droit, les Gémeaux, le Sagittaire, le Verseau, les Poissons et la Vierge : Et faits que le Lion porte Or, se jette au sein de la Vierge, et que ce côté-là de la Balance pèse le plus : Enfin, faits que les douze Signes du Lion Zodiaque, faisant leurs Constellations avec les sept Gouverneurs de l'Univers, se regardent tous de bon œil, et se fasse qu'après que toutes les Couleurs seront passées, la vraie conjonction se fasse et mariage, afin que le plus haut soit rendu le plus bas, et le plus bas le plus haut.

Si de l'Univers la nature
Mise était sous une figure,
Et ne pourrait être changée
Ni par aucun Art altérée,
Personne ne la connaîtrait
Ni les miracles qu'elle ferait,
C'est pourquoi remercier devons
Ce grand Dieu qui nous à fait
tels dons.

Von Hermogene bin ich geboren

DIXIÈME CLEF DE L'ŒUVRE DES PHILOSOPHES

Dans notre Pierre, que les anciens Sages mes Prédécesseurs, ont faites longtemps avant moi, sont contenus tous les Éléments sont contenus, toutes les Formes et Propriétés Minérales et Métalliques, même aussi toutes les Qualités qui sont au Monde ; car on y doit trouver une extrême chaleur et de grande efficace, parce que le Corps froid de Saturne doit être échauffé et rendu pur par la véhémence de son feu interne. On doit aussi trouver un extrême froid, d'autant qu'il en faut tempérer la grande Vénus, qui brûle et consume tout et congèle le Mercure vif, et il faut en faire un Corps solide. La cause en est, parce que la Nature a donné à la Matière de notre divine Pierre toutes ses propriétés, qu'il faut par certains degrés de chaleur, comme cuire, faire mûrir et mener à perfection; ce qui ne se peut exécuter avant que le Mont Gibel de Sicile ait mis fin à ses embrassements, et ne se puisse plus trouver aucune froidure dans les Montagnes Hyperborées, desquelles tu pourras bien aussi appeler Fougeray, toujours gelées de froid, et couvertes de neiges.

Toutes Pommes cueillies avant d'être mûres se fanent et ne sont presque bonne à rien. Il en est de même des Vaisseaux des Potiers, qui ne peuvent servir s'ils ne sont cuits à assez grand feu ; parce qu'un moindre ne leur a pas donné leur perfection. Il faut prendre garde à la même chose en notre Élixir, auquel on ne doit faire tort d'aucun jour dédié et consacré à sa génération, de peur que notre Fruit étant trop tôt cueilli, les pommes des Hespérides ne puissent venir à une maturité extrêmement parfaite, et la faute n'en soit rejetée sur l'ouvrier peu sage, qui se serait follement hâté ; car il est notoire à tout le monde qu'il ne se peut produire aucun fruit d'une fleur arrachée d'un Arbre. Par quoi toute hâtivité doit s'éviter à notre Art, comme dangereuse et nuisible ; car on peut rarement venir par elle au bout de son dessein, et l'on va toujours de mal en pis.

C'est pourquoi que le diligent Explorateur des Effets merveilleux de l'Art et de la Nature prenne garde à ne pas se laisser emporter par une curiosité dommageable, de peur qu'il ne recueille rien de notre Arbre avant le temps, et que la Pomme lui tombant des mains, ne lui en laisse qu'une marque et vestige misérable. Car si l'on ne laisse mûrir notre Pierre, véritablement elle ne pourra jamais donner maturité à aucune chose.

La matière s'ouvre et se dissout dans l'Eau, se

conjoint, et est rendue grosse en la putréfaction. Dans la Cendre elle acquiert des Fleurs, dignes Avant courrières du Fruit. Toute l'humidité superflue se dessèche dans le Sable. La flamme du feu la rend entièrement mûre, et fermement fixe, non pas qu'il faille nécessairement se servir du Bainmarie, du Fient de Cheval, de Cendres et de Sable Mais parce qu'il faut par tels degrés régir et gouverner son feu. Car la Pierre, enfermée dans le Fourneau vide, et munie de triple boulevard, se forme et cuit toujours jusqu'à ce que tous les nuages et vapeurs soient dissipées et disparaissent, et qu'elle soit vêtue et ornée d'habits de triomphe et de gloire, et demeure en la plus basse ville des Cieux, et s'arrête en courant. Car quand le Roi ne peut plus élever ses mains en haut, on a remporté la victoire de toute la gloire mondaine; parce qu'étant alors comblé de tout bonheur, et doué de constance et de force, il ne sera dorénavant sujet à aucun danger. Je te dis donc que tu dessèches la Terre dissoute en sa propre humeur, par feu dûment appliqué. Étant desséchée, l'Air lui donnera une nouvelle vie ; cette vie inspirée sera une Matière, qui à bon droit ne doit point être appelée que la grande Pierre des Philosophes, laquelle comme un Esprit, pénètre les Corps humains et métalliques, et est Remède général à toutes maladies ; car elle chasse ce qui est nuisible, et conserve ce qui est utile, en donnant à toutes choses un être accompli. Elle accorde et associe parfaitement le mauvais avec le bon. Sa couleur tire du rouge incarnat sur le cramoisi, ou bien de couleur de Rubis sur couleur de Grenade. Quant à sa pesanteur, elle pèse beaucoup plus qu'elle a de quantité.

Celui qui aura trouvé cette Pierre, qu'il remercie Dieu, pour ce Baume céleste, et le supplie de lui accorder cette grâce de pouvoir franchir heureusement la carrière de cette vie misérable, et enfin jouir de la béatitude éternelle.

Louange soit à Dieu, pour ses Dons et singuliers plaisirs qu'il nous a fait, et lui en rendons grâces éternellement. Ainsi-soit-il.

ONZIÈME CLEF DE L'ŒUVRE DES PHILOSOPHES

Je t'expliquerai la onzième Clef qui sert à multiplier notre céleste Pierre par cette Similitude.

Il y avait dans un Pays du Levant un brave Chevalier, nommé Orphée, grandement riche, car il avait des Richesses à foison, et ne manquant d'aucune chose, il avait épousé sa Sœur propre appelée Eurydice. Mais ne pouvant avoir d'elle aucun Enfant, et croyant que ce malheur lui était envoyé pour punition de son inceste, il priait Dieu continuellement, espérant d'en obtenir miséricorde.

Un jour qu'il dormait profondément, il lui sembla voir un Homme volant à lui, nommé Phébus, qui l'ayant touché ses pieds grandement chauds, lui parla de cette sorte: Courageux Chevalier, après avoir voyagé par beaucoup de Royaumes, de Pays, de Provinces, et de Villes, après t'être hasardé sur Mer à beaucoup de dangers, et avoir renversé à la guerre de ton bras victorieux ce qui te faisait résistance, l'on t'a donné à bon droit le Collier de Chevalier. De plus, d'autant que tu as dans les Joutes et dans les Tournois rompu beaucoup de Lances, et que mainte fois les Dames t'ont, aux acclamations de tous les Assistants, adjugé le prix et l'honneur de la victoire, le Père céleste m'a commandé de venir t'annoncer qu'il a exaucé tes prières. C'est pourquoi tu prendras du sang de ton côté droit, et du côté gauche de ta Femme, comme aussi di sang qui était au cœur de ton Père et de ta Mère. Ce sang, de sa nature est seulement double, et néanmoins seulement simple. Conjoints-les, et les met dans le Globe des sept Sages, bien fermé, et l'Enfant nouveau né, trois fois grand, sera nourri de sa propre chair, et son glorieux sang lui servira de breuvage. Si tu fais bien cela, il te viendra de grandes richesses, et auras beaucoup d'Enfants. Mais apprends qu'il faut, pour perfectionner ta dernière Semence, la huitième partie du temps qu'a mis la première, de laquelle tu as pris naissance. Si tu fais ceci souvent, et que tu recommences toujours, tu verras les Enfants de tes Enfants, et une multiplication à l'infini de ta Race. Et sera le grand monde tellement rempli par la fertilité et fécondité du petit, que l'on pourra aisément posséder le Royaume céleste du Créateur de l'Univers.

Phébus ayant fini son discours, s'envola, et le Chevalier s'étant aussitôt réveillé, il se leva pour exécuter ce qui lui avait été commandé. L'ayant mis en exécution, il ne fut pas seulement assisté sur le champ de bonheur en toutes ses entreprises, mais aussi appuyé sur la bonté de Dieu, il engendra plusieurs Enfants, qui devenus Héritiers des Bien de leur Père, s'acquirent une grande renommée, et conservèrent toujours l'Ordre de Chevalerie qu'ils avaient eu de la succession.

Si tu es Sage et si tu aimes la Sagesse, tu n'as pas besoin d'une plus ample démonstration. Si tu n'es pas tel, tu n'en dois rejeter la faute sur moi, mais sur ton ignorance ; car il ne m'est pas permis d'en déclarer d'avantage, ni mettre en vue tous les Secrets. Cela sera assez clair et manifeste à celui que Dieu en jugera digne ; car j'ai tout écrit aussi clairement qu'il est possible de le faire, et j'ai montré toute l'œuvre en Figures, comme les anciens Philosophes l'ont fait aux Maîtres ; mais encore plus clairement qu'aucun autre, ne t'ayant rien caché. Si tu chasses de toi les ténèbres d'Ignorance, et que tu sois clairvoyant des yeux de l'entendement, tu trouveras une Pierre précieuse qu'ont cherché beaucoup de Gens, et que peu ont trouvé ; car je t'ai comme entièrement nommé la Matière, et suffisamment démontré, le Commencement, le Milieu et la Fin de l'œuvre.

DOUZIÈME CLEF DE L'ŒUVRE DES PHILOSOPHES

L'épée d'un Escrimeur, qui ne sait pas tirer, ne lui peut lui servir de rien, parce que ne la maniant pas comme il faut, il est aisément vaincu et terrassé par un autre qui sait mieux tirer et porter un coup que lui. Mais celui qui entend parfaitement l'escrime, remporte aisément la victoire sur son Adversaire.

Il en arrivera de même à celui qui, avec l'aide de Dieu, aura acquis la Teinture, et ne saura pas servir, comme il en arrive au Gladiateur, qui ne sait pas son métier. Mais d'autant que voici la douzième et dernière Clef qui ferme ce Livre, je ne parlerai plus avec ambiguïté Philosophique, et j'expliquerai nûment et clairement cette Clef touchant la Teinture. Comprenez donc la Doctrine suivante.

Prends une partie de cette Médecine ou Pierre

des Philosophes, dûment préparée, et faite du Lait Virginal, avec trois parties de très pur Or passé par la coupelle avec de l'Antimoine, et battu en lamines très menues. Conjoints-les dans un Creuset et leur donne un feu modéré aux douze premières heures; puis fonds-les, et les tiens en ce feu par l'espace de trois jours naturels, et la Pierre sera changée en vrai Médecine, d'une nature subtile, spirituelle et pénétrante. Elle ne teindra pas aisément, à cause de sa grande subtilité, sans le Ferment de l'Or ; mais quand elle est fermentée de son semblable, la Teinture entre facilement. Prends ensuite une partie de cette Masse fermentée, et la jette sur mille partie de Métal fondu, et vraiment le tout sera changé en très bon Or. Car un corps prend aisément un autre Corps, et bien qu'il ne lui soit pas semblable, néanmoins il doit lui être conjoint, et lui être, par sa grande force et vertu rendu semblable, vu que le Semblable a été engendré de son Semblable.

Celui qui aura mis ce moyen en pratique, saura toutes les autres circonstances: Les sorties des portes du Palais Royal sont ouvertes à la fin. Une si grande subtilité ne peut être comparée à aucune chose créée, car elle seule comprend et possède toutes choses dans toutes choses, qu'on peut trouver par raisons naturelles, contenues et encloses dans la circonférence de l'Univers.

O Commencement du Commencement ! souviens-toi de la Fin ! O Fin, dernière Fin ! Souviens-toi du Commencement, et aies en grande recommandation le Milieu de l'Œuvre. Et Dieu le Père, le Fils et le Saint-Esprit vous donnera ce qui est nécessaire à l'Esprit, à l'Âme et au Corps.

Fin des douze Clefs

DE LA PREMIÈRE MATIÈRE DE LA PIERRE DES PHILOSOPHES

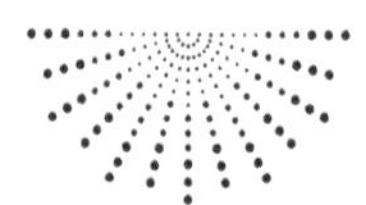

Une Pierre se voit, qui à vil prix se vend,
D'elle un Feu fugitif son origine prend,
Notre Pierre de lui est faite et composée,
Et de blanche couleur et de rouge parée,
Elle est Pierre et non Pierre, et la Nature en elle
Peut seule démontrer sa vertu non pareille,
Pour d'elle faire jaillir un Ruisseau clair coulant
Dans lequel elle ira son Père suffoquant :
Et puis d'icelui mort, gourmande elle se repaît,
Jusqu'à ce que son Âme en son Corps renaîtra,
Et sa Mère qui est de nature volante,
En puissance lui soit, et en tout ressemblance,
Et à la vérité son Père renaissant
A bien plus de vertus qu'il n'avait par avant,
La Mère du Soleil surpasse les années
En âge, à cet effet par toi Vulcain aidées,
Son Père néanmoins précède en origine,
Par son spirituel Être et Essence divine,

L'Esprit, l'Âme, le Corps sont contenus en deux,
Le Magistère vient d'un, qui seul et un étant,
Peut ensemble assembler le Fixe et le Fuyant,
Elle est deux, elle est trois, et toutefois n'est qu'une,
Si tu n'es sage en cela, n'entendra chose aucune,
Fait laver dans un Bain Adam le premier Père,
Où se baigne Vénus des Voluptés la Mère,
D'un horrible Dragon ce Bain l'on préparait,
Quand toutes ses vertus et ses forces il perdait
Et comme dit fort bien le Génie de Nature
L'on ne le peut nommer que le double Mercure :
Je me tais, j'ai fini, j'ai nommé la Matière,
Heureux trois fois heureux qui comprend ce mystère,
Que le soucieux ennuie ne te surprenne point,
L'issue fera voir ce tant désiré point.

FIN

LIVRE CONTENANT EN ABRÉGÉE UNE RÉPÉTITION DE TOUT CE QUI EST CONTENU DANS LES TRAITÉS DES DOUZE CLEFS DE LA PIERRE PRÉCIEUSE DES PHILOSOPHES

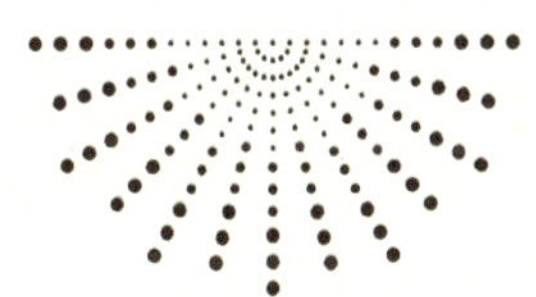

LA LUMIÈRE DES SAGES MISE EN LUMIÈRE PAR LE MÊME AUTEUR, FR. BASILE VALENTIN

Moi, Basile Valentin, Religieux de l'Ordre de St. Benoît, j'ai composé ces Traités précédents, sans lesquels suivant la trace des anciens Philosophes, j'ai déclaré par quelle voie ou moyen l'on peut chercher et trouver ce précieux Trésor, duquel les

Sages ont conservé leur santé, et prolongé leur vie de beaucoup d'années. Et bien que je ne me sois éloigné en aucun point de la vérité, comme ma conscience en rendra témoignage devant Dieu, qui connaît le dedans de nos cœurs, j'ai même encore tellement mis en vue la vérité, qu'un Amateur de la Science, tant soit peu intelligent, ne devrait pas avoir besoin d'autre flambeau pour l'éclairer : Car la Théorie que je lui en ai donné, conjointe avec les douze Clefs de Pratique que je lui donne, sera plus que suffisant pour dispenser de passer comme moi des nuits à veiller, et de perdre un repos que je prenais point en ne dormant pas. Les diverses pensées qui me travaillaient toujours l'imagination, m'ont enfin déterminé à m'expliquer plus clairement, en réduisant en abrégé le Livre de la Lumière des Sages, que je mets dans une lumière plus éclatante, pour mieux éclairer, et pour conduire plus sûrement à la connaissance de notre Pierre, ceux qui sont Amateurs de l'Art, et qui désirent connaître la Nature : Et encore que je sache qu'on dira que j'enseigne trop clairement, et que par là je charge ma conscience de beaucoup de péchés, je ne m'en mets pas en peine, et je répondrai que ce que j'écris est encore assez obscur pour les Ignorants et pour les Gens de peu d'esprit, et qu'il n'est clair que pour les Enfants de Science. C'est pourquoi écoute et pèse bien mes paroles. Si tu suis ce qu'elles t'enseigneront, tu parviendras à la connaissance des Mystères les plus cachés de l'Art et de la Nature.

Je n'écris rien que je ne dois approuver, et dont

je ne sois prêt à rendre compte au jour du Jugement.

Tu trouveras dans cet Abrégé des Instructions écrites d'un style simple, car je ne m'applique point à chercher des mots affectés et trompeurs, et je dis nûment la vérité.

J'ai enseigné dans le précédent Traité, Que toutes choses naissent et sont composées de trois, à savoir est de Mercure, de Soufre et de Sel. C'est chose certaine.

Mais apprends encore, Que notre Pierre est composée de deux, de trois, de quatre et de cinq. De cinq c'est-à-dire, de sa Quintessence ; de quatre qui sont les quatre Éléments, de trois c'est-à-dire des trois Principes des choses naturelles; de deux c'est-à-dire du Mercure double; et d'un, c'est-à-dire du premier Principe de toutes choses, qui fut produit pur au moment de la création du Monde, fiat, soit fait.

Afin que personne ne se peine à comprendre ces choses, et à en chercher le Sens mystique, et la vraie explication, je vais traiter en peu de mots du Mercure, du Soufre, et du Sel, qui sont les Principes matériels de notre Pierre.

DU MERCURE

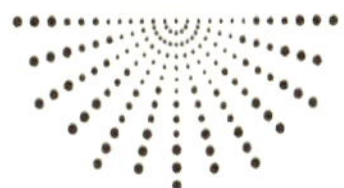

PREMIER PRINCIPE DE L'ŒUVRE DES PHILOSOPHES

Remarque donc premièrement que nul Argent-vif commun ne sert à notre Œuvre, car notre Argent-vif se tire, du meilleur Métal par Art Spagyrique, et est pur, subtil, reluisant, clair comme eau de Roche, diaphane comme Cristal, et sans aucune ordure. Réduit cet Argent-vif en Eau ou Huile incombustible, parce que selon les Sages, le Mercure a été Eau au commencement. Dissout en cette huile incombustible son propre Mercure duquel cette Eau a été faite. Précipite-le dans sa propre Huile, et tu auras le Mercure double. Mais remarque bien que le Soleil, après avoir été purifié, comme que je t'ai enseigné dans la première Clef, doit être dissout par une certaine Eau particulière, que je t'ai donné dans la seconde Clef, et réduit en chaux subtile, comme je l'ai aussi enseigné en la quatrième. Cette Chaux doit passer par l'Alambic avec l'Esprit de SEL, et être précipité dans cet Esprit, et réduit à feu de réverbère en Poudre subtile, afin que son Soufre puisse plus facilement entrer en sa propre nature, et l'embrasser plus étroitement par un amour réciproque. Alors tu auras deux Substances dans une, que l'on appelle le Mercure des Philosophes, et n'est qu'une Nature, et le premier Ferment.

DU SOUFRE

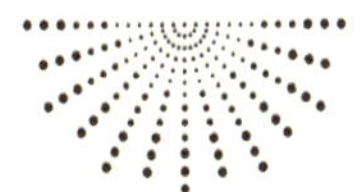

SECOND PRINCIPE DE L'ŒUVRE DES PHILOSOPHES

Tu chercheras ton Soufre dans le même Métal. Il faut le tirer, sans aucune corrosion par feu de réverbère, d'un Corps purifié et dissout. Comment cela se peut-il faire ? Je te l'ai déclaré en ne t'en disant rien, et te l'ai assez clairement montré dans la troisième Clef. Tu dissoudras ce Soufre dans son propre sang, duquel il a pris naissance, observant le poids que je t'ai ordonné en la sixième Clef. L'ayant fait, tu auras dissout et nourri le vrai Lion du sang du Lion vert ; car le sang fixe du Lion rouge est fait du sang volatil du Lion vert. C'est pourquoi ils sont tous deux d'une même nature. Le sang volatil de l'un, rend aussi volatil le sang fixe de l'autre. Comme au contraire, le fixe rend le volatil aussi fixe qu'il était avant la solution. Entretiens-les en chaleur modérée, jusqu'à ce que le Soufre soit tout dissout, et tu auras, suivant tous les Philosophes, le second Ferment et le Soufre fixe, nourri du volatil, que l'on tire en Alambic par l'esprit de vin, qui est rouge comme sang ; ce qu'on appelle Or potable, qu'on peut consolider, ni réduire en Substance corporelle.

DU SEL

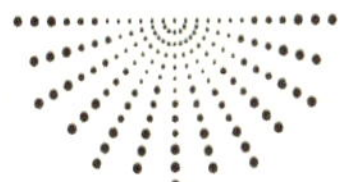

TROISIÈME PRINCIPE DE L'ŒUVRE DES PHILOSOPHES

Le Sel selon que l'on le prépare a des effets divers. Il rend le Corps fixe, volatil. Car l'esprit du Sel de Tartre, tiré sans aucun ingrédient, rend, par la résolution et putréfaction, tous les Métaux volatils, et les réduit en un Mercure vif, comme te l'enseignent mes Minéraux. Le sel de Tartre a aussi une vertu grandement fixative, surtout si l'on y ajoute de la Chaux vive avec sa chaleur ; car étant joints ensemble, ils ont une merveilleuse vertu pour fixer. Selon donc que l'on prépare le Sel végétable de Tartre, il peut et fixer et rendre volatil; ce qui est un Secret admirable de la Nature, et un effet merveilleux de l'Art Philosophique.

Il se fait un Sel volatil et bien clair d'Urine d'un Homme, qui n'aura bu pendant quelque temps que du vin pur. Ce Sel dissout toutes choses fixes, et les tire avec lui par l'Alambic. Il ne fixe pas néanmoins, quoique cet Homme n'ait bu que du vin, duquel par son urine est tiré ce Sel de Tartre. Car il s'est fait dans le corps de ce même Homme une certaine transmutation, par laquelle la partie végétable, c'est-à-dire l'esprit végétable du vin, s'est changé en animal, c'est-à-dire en l'esprit animal du Sel de l'urine; comme, par exemple, dans les Chevaux, se fait une transmutation d'avoine, foin et autres nourritures, les changeant en leur propre Substance, à savoir en chair et autres partie de leurs corps.

Les Abeilles aussi, font du miel des meilleures particules des herbes et des fleurs ; et ainsi des autres choses, dont la Clef et principale Cause est dans la putréfaction d'où proviennent toutes ces sortes de séparations et transmutations.

L'esprit de Sel commun, tiré par certain moyen que je t'ai montré en ma dernière Instruction, mis avec un peu de l'esprit du Dragon, dissout l'Or et l'Argent, et les fait monter au haut de l'Alambic, tout de même comme l'Aigle, joint avec l'esprit du Dragon, Hôte perpétuel des Rochers et Montagnes. Mais si l'on fond quelque chose avec le Sel avant la séparation de l'esprit d'avec le corps, il est plutôt rendu fixe que dissout.

Je te dis d'avantage, que l'esprit de Sel commun conjoint, avec l'esprit de vin, et distillé par trois fois avec lui, devient doux et perd toute corrosion et acrimonie. Cet esprit ne combat plus corporellement contre l'Or ; mais si l'on le fond sur la Chaux de l'Or dûment préparée, il attire sa grande rougeur, et si l'on procède comme il faut, la Chaux donne et empreint à la Lune purifiée une couleur semblable à celle qu'a eu premièrement le Corps, d'où elle a pris son origine.

Ce Corps peut recevoir sa première couleur, se mêlant et joignant à la lascive Vénus, d'autant qu'il a du commencement il a pris avec elle sa naissance de son sang, ou du moins d'un sang semblable au sien, et je ne t'en dirai pas d'avantage.

Remarque bien que l'esprit de Sel dissout aussi la Lune préparée, et la réduit, comme t'en enseigne mes Instructions, en une nature spirituelle, de laquelle se peut faire la Lune potable. Ces esprits du Soleil et de la Lune doivent être conjoints comme le Mari à la Femme, par l'entremise de l'Esprit du Mercure, ou de son Huile.

L'esprit est dans le Mercure, la Couleur dans le Soufre, et la Congélation dans le Sel, et se sont ces trois qui peuvent reproduire le Corps parfait, c'est-à-dire, l'Esprit du Soleil, fermenté de sa propre Huile. Le Soufre, que l'on trouve abondamment dans la nature de Vénus, est enflammé de sang fixe, par elle engendré. L'esprit, provenant du Sel Physique donne, en fortifiant et endurcissant, la victoire entière, encore que l'esprit de Tartre, d'Urine et de Chaux vive, avec du vrai Vinaigre ait bien de la vertu ; car l'esprit de Vinaigre est froid, et celui de la Chaux vive est chaud ; c'est pourquoi le juge à bon droit être de nature contraire, comme aussi l'on le voit par expérience. Je viens de parler en Philosophe, mais il ne m'est pas permis de passer outre, ni de montrer comment les portes sont fermées et remparées au-dedans.

Je te donne encore ceci, pour te dire adieu: Cherche ta Matière dans la Nature Métallique. Fais-en un Mercure, et le fermente d'un Mercure, puis d'un Soufre, et le fermente pareillement de son propre Soufre. Dispose et mets tout en ordre par le Sel. Tire-le une fois par l'Alambic, et mêle le tout par juste poids, et il viendra Un, qui a pris aussi auparavant son origine d'Un. Fixe-le, et le coagule par la chaleur continue, puis le multiplie, comme je t'ai appris dans les deux dernières Clefs, et le fermente pour la troisième fois, et tu viendras à bout de ton dessin, quant à l'usage de la Teinture, la douzième Clef t'en a assez instruit.

PREMIÈRE ADDITION CONTINUANT LES ENSEIGNEMENTS DE L'ŒUVRE DES PHILOSOPHES

Pour ne te laisser rien à désirer, je te veux apprendre que du noir Saturne et du doux Jupiter on peut aussi tirer un Esprit, qui par après se réduit en Huile douce comme en sa plus grande perfection, qui peut particulièrement et fermement ôter vie au Mercure, et le rendre beaucoup meilleur, comme je te l'ai enseigné en mes Minéraux.

SECONDE ADDITION POUR LES MÊMES OPÉRATIONS

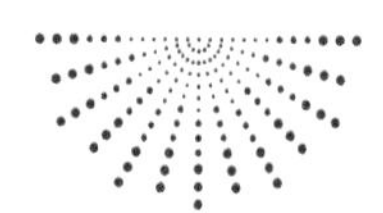

Ayant ainsi préparé ta Matière, sois seulement soigneux à gouverner ton feu, car toute l'Œuvre en dépend, depuis le commencement jusqu'à la fin.

Notre Feu n'est que commun et naturel, et le Fourneau vulgaire. Et bien que les anciens Sages mes Prédécesseurs, aient écrit que notre feu n'est feu commun : Je te dis néanmoins en vérité, que c'est qu'ils ont tous caché selon leur coutume. Car notre Matière est vile, et l'Œuvre que l'on conduit seulement par le Régime du feu, est aisée à faire.

Le Feu de Lampe, fait avec l'esprit de vin, n'y est pas propre, parce qu'il conduit à de trop grand coût et dépenses. Le fient de Cheval n'est que perte et destruction, et notre Matière ne peut jamais par son moyen venir à perfection.

La multitude et variété de Fourneaux est superflue, car il ne faut en notre triple Vaisseau que varier et changer les degrés du feu.

Prends donc garde que les Trompeurs ne te déçoivent en la variété des Fourneaux, car le notre est vulgaire, commun et la Matière est abjecte. Le Matras ressemble en figure au contour et rondeur de la Terre. Tu n'as pas besoin d'autres instructions pour savoir gouverner ton Feu, et bâtir ton Fourneau, parce que celui qui a la matière trouvera bientôt un Fourneau, comme celui qui a de la Farine ne tarde guère à trouver un Four, et n'est pas beaucoup embarrassé pour faire cuire du Pain.

Il n'est pas nécessaire d'écrire plus amplement sur ce point. Prends seulement garde à la chaleur, et fait en sorte que tu puisses discerner le chaud d'avec le froid. Si tu frappes le but, tu auras tout fait, et tu seras parvenu à la fin désirée de l'Art, pour reconnaissance de laquelle, soit perpétuellement loué Dieu, Auteur de toute la Nature. Ainsi-soit-il.

Fin des Additions

COLLOQUE DE L'ESPRIT DE MERCURE A FRÈRE ALBERT

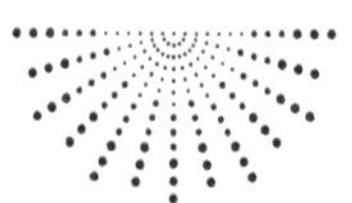

L'ESPRIT

Quelle est l'occasion, Albert, que tu m'as tant fait de conjuration pour me faire venir ?

ALBERT

Je te la veux dire, moyennant que tu me donnes assurance pour mon corps, ma vie et mon Âme, et que je n'aurai aucun déplaisir de toi.

L'ESPRIT

Il n'est pas de mon pouvoir de te faire du déplaisir, ni ne suis pas venu auprès de toi pour cela, mais si tu ne quittes ton appellation, tu es déjà recommandé à un autre qui te châtiera toi, et tes semblables, et jouera bien son jeu au salut de ton âme, je ne puis t'avancer ni reculer, si j'étais un homme je voudrai bien être lavé et pour ce répond moi à mes demandes.

ALBERT

Je te prie ne sois pas fâché contre moi, car je suis un homme débile, et tu es un esprit puissant et subtil, et pour ce dis-moi premièrement si tu es bon ou mauvais, ou qui tu es.

L'ESPRIT

Je ne suis ni bon ni mauvais, mais je suis un esprit des sept Planètes qui gouverne la moyenne nature, ils ont le commandement de gouverner les quatre différentes parties du monde, savoir le Firmament, les animaux, les végétaux, et partie des minéraux, et nous sommes sept qui par notre agilité conduisons dans les trois parties inférieures, les ascendant et descendant, et opérons en eux, car les planètes ne peuvent pas descendre corporellement ici bas, mais leur esprit, lequel aide les choses qui sont disposées à engendrer par la vertu des quatre Eléments. Celui qui a cette intelligence se pourra disposer à l'œuvre.

ALBERT

Je suis grandement joyeux que tu me donnes une si belle intelligence, et que j'ai compris par toi que je n'ai jamais fait d'aucun Philosophe, mais je te prie accorde-moi encore une demande, et je te dirai le sujet pour lequel je t'ai appelé, et te le déclarerai par ordre si tu me veux dire ton nom.

L'ESPRIT

Mon nom je suis l'Esprit des Planètes, non pas le Dieu du Mercure, comme tu me qualifies par tes appellations, et ne suis pas venu par force d'icelle, mais par la permission de Dieu, je suis venu sans contrainte, aussi qu'il a été donné à chacun homme un esprit serviable de Dieu, mais il s'en trouve peu qui s'en rendent dignes, pour ce n'aie point peur de ma noirceur, car elle sera pour le commencement de ta richesse. Car au commencement de la création tout était en ténèbres, et après l'agréable rougeur du matin, le Soleil se lève tout en sang et feu, si tu crois à cette heure mes paroles qui ne sont pas humaines, mais une voix raisonnante selon ma nature, je te veux écouter aimablement et te donner bonne adresse, sors donc hors de ton appellation et m'y laisse entrer, assis-toi à table et que j'écrive avec soin ce que je te dirai, mais dis-moi premièrement le sujet pourquoi tu m'a fait venir et ne sois point cauteleux, mais simple et succinct à tes demandes.

ALBERT

Au nom du Père, du Fils et du Saint-Esprit, Amen. La très sainte et une inséparable Trinité, et inséparable Déité unique. Mercure je te demande que tu me dises la vérité, si ce que les anciens ont écrit de la Pierre des Philosophes, ou de la teinture est véritablement en la nature, ou si c'est une subtile spéculation.

L'ESPRIT

Sache que les Philosophes par prévoyance ont écrit diverses choses afin que les ignorants qui ne tendent qu'à l'or et à l'argent fussent abusés, ainsi le plus grand secret de la nature, et les vertus naturelles qui font à tous chercher la vérité, se trouvera que Dieu a mis dans la nature, et que l'homme ne peut pas connaître, si on ne lui montre clairement, et encore ne le peut-il comprendre, à cause de son aveuglement, et qu'il ne peut pas se connaître soi même.

ALBERT

J'entends par tes paroles, bien qu'elles soient obscures, que tu entends l'or très fin.

L'ESPRIT

En partie tu as bien entendu, mais il y a encore

une nuée trouble devant tes yeux, c'est le plus fin or, mais non pas celui qui est affiné dans la fournaise, mais celui que la nature même par son serviteur Vulcain a affiné sans science, à la mode de lui est tiré le double Mercure, et quand tu auras icelui tu pourras disputer avec ton Abbé, et lui dire : *Azot et ignis tibi sufficunt.* Il est donc manifeste qu'il n'est plus que fin or, auquel Dieu en la création lui a donné cette vertu pour être manifesté aux hommes, afin que chacun se puisse savoir, s'il est bien illuminé de Dieu.

ALBERT

Oui, où se peut trouver cet or ?

L'ESPRIT

Au dessous du Ciel, en plusieurs montagnes et vallées, tous les homme l'ont devant les yeux et ne le connaissent pas.

ALBERT

Combien en faut-il pour l'œuvre ?

L'ESPRIT

Si tu en as deux onces tu peux acheter la couronne du plus grand monarque du monde, et garder le reste.

ALBERT

Avec l'aide de Dieu nous en trouverons bien autant, et quand on en aura achevé deux onces, c'est assez pour le commencement comme je crois que vous le dites.

L'ESPRIT

Mais tu ne sais pas le corps comme moi qui suis esprit, je ne parle pas du corps, mais bien plus de l'esprit, comment veux-tu peser l'esprit, qui est en si petite quantité, au prix de ce qui est tiré de son corps, mais après en vertu surpassant en grande quantité ledit corps, si tu veux rendre cet esprit net de son corps corporel, et le transmuer en un corps spirituel, tu pourras dire à ton Abbé, *Ignis et Azot tibi sufficiunt.*

ALBERT

O céleste parole, comment dois-je faire cela ?

L'ESPRIT

Solve et coagula, dissous et coagule. 1° operamo solvere 2° Coagulare.

ALBERT

Que tes paroles sont succinctes et difficiles à entendre, et malaisées à comprendre, mais toute science est là dedans, je dois dissoudre le corps de l'or, et par dissolution tirer l'esprit teingent, c'est sans doute le double Mercure de Bernard, d'où est tiré ce corps ce n'est pas le fin or, mais la teinture qui est cachée en lui, de cela on tire le double Mercure.

L'ESPRIT

Maintenant le voile est en partie ôté de devant tes yeux, tu as bien entendu, entends maintenant quel corps c'est.

ALBERT

Avec quoi dois-je dissoudre le corps de l'or ?

L'ESPRIT

Par soi-même, et ce qui est le plus proche de lui.

ALBERT

Cette parole est pesante, voire plus pesante que la science même, je te prie montre-moi cela et me dis le moyen et le tour de main de la vraie dissolution.

L'ESPRIT

Moi tout esprit, maintenant je ne le puis montrer, car je n'ai point de main, mais si j'avais un corps comme toi, je voudrais faire toute l'œuvre, cherche soigneusement dans ton Bernard, tu trouveras là-dedans le moyen et le tour de main de la vraie dissolution, avec toutes les circonstances, écrite trois fois, deux fois vraie, et une fois faux, à cause des ignorants.

ALBERT

O moi misérable ! J'ai tant vu Bernard que j'en suis quasi au mourir, et n'ai pu comprendre cela, encore que par son enseignement je connais le Roi, mais la Fontaine m'est inconnue, et partant, je te prie montre-moi la fontaine.

L'ESPRIT

Tu veux être trop savant bien tôt, je ne te le peux pas montrer, il faut que tu aies le Roi premièrement, car on n'échauffe pas le bain, que le Roi n'y soit, va chercher ton Abbé et dis-lui qu'il te fasse profusion de dix livres du meilleur 98756 Æ s Æ d'Orient, tout ainsi qu'il vient du ventre de sa mère sans feu, après je te veux déclarer tout ce que tu n'entends pas, sois secret, et ne montre point ton écrit à ton Abbé sur peine de la vie, ni que tu m'as vu, ôte de toi toutes tes appellations et conjurations, et demeure toujours en bonne volonté, priant Dieu qu'il te donne un bon esprit, autrement je n'oserai plus retourner vers toi, ainsi je veux être ton bon ami, et autant de fois que tu auras besoin de mon conseil, je me trouverai auprès de toi.

ALBERT

Ha! Demeure encore un peu, dis-moi si je vivrai assez longtemps pour faire la teinture.

L'ESPRIT

Oui, tu l'achèveras, mais ton Abbé ne vivra pas tant, tu l'auras après sa mort, et si tu ne te gouvernes sagement, elle te causera de grands inconvénients, et partant prends bien garde à toi, et à qui tu la montreras, car cette teinture t'amènera de grands aveuglements, garde bien ton livre et ta teinture, afin qu'on ne les trouve point sur toi, autrement tu courreras grande fortune, et sera mis en prison, voire même à la mort, sois donc bien sage et te tiens joyeux, car plusieurs de grande et basse qualité s'efforcent que le secret ne soit point manifesté, car ils ne peuvent en autre corps dire vérité qu'en une unique chose, qui est tout en tout, pour dire la vérité, le reste ne sert que pour abuser les ignorants, et te dirai en peu de paroles la pure vérité, qui est ce que tous les Philosophes par leurs écrits sont demeurés d'accord, de cette pierre et teinture contenue en la nature.

ALBERT

Dis-moi qui est cette unique chose.

L'ESPRIT

Toi qui es bon artiste et véritable, tu dois avoir appris de ton Bernard que c'est que l'esprit de son double Mercure, et tu es quasi devenu fol en ta première matière et Azot, tu es encore bien loin du vrai centre, car tu cherches la vie avec les morts et la plus parfaite et incorruptible force de toutes les forces naturelles, dans des matières imparfaites et dans des choses corruptibles, sache en vérité que notre rouge teinture est tirée pure et nette de la plus parfaite créature, sur laquelle le Soleil ait jamais jeté ses yeux, laquelle unique chose par les esprits plus parfaits est de la composition des inséparables qualités des quatre Eléments, et par la concordance des sept Planètes ont été joints ensemble, et sans aucune aide ou science d'homme, a été parfaite en son degré de perfection, lequel aussi par une incroyable augmentation de sa propre semence a été doué naturellement, et ses parties si bien liées ensemble qu'il ne peut être détruit par aucun Elément sans l'aide de l'art, et lors cette unique chose est sujette à corruption, je t'ai assez déclaré pour ce coup de quelle matière le Philosophes ont tiré leur teinture, si tu entends et connais ce qui est compris en cette unique parole, tu entendras toute la science, c'est assez dit à celui à qui Dieu ouvre les yeux, on pourrait bien ici comprendre l'or. Mais on ne l'entendra pas bien, car il y a des créatures créées plus nobles que l'or, lesquelles il faut chercher où la vérité se trouve, que Dieu a mis en la nature, et que l'homme ne peut pas connaître, si on le lui montre tout clairement, et encore ne peut-il pas comprendre à cause de son aveuglement, et qu'il ne peut pas connaître soi-même.

Louange à Dieu.

FIN

RÉVÉLATION ET DÉCLARATION

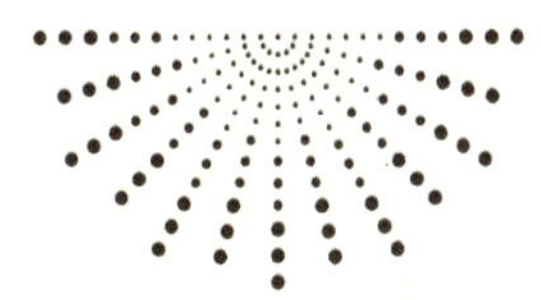

CONCERNANT LES PLUS CURIEUX MYSTÈRES DES TEINTURES ESSENTIELLES DES SEPT MÉTAUX, & LES VERTUS MÉDICINALES DE CELLES-CI

CHAPITRE PREMIER

DE L'ESPRIT OU TEINTURE DE MERCURE

Plusieurs pourront trouver étrange de ce que je traite et parle des *Métaux* avec un style particulier, mais je ne le fais pas sans cause, étant fondé sur Méthode ou pratique, de laquelle j'ai sujet de me contenter entièrement. Car elle est cachée dans ma science & appuyée dans la connaissance que j'ai de l'infaillible vérité. Me blâme qui voudra, c'est de quoi je ne me soucie point du tout, on fait toujours plus d'état de ce qu'on voit que de ce qu'on entend dire & on loue plus celui qui a mis un bon fondement que celui qui en a mis un mauvais.

C'est pourquoi je dis que toutes choses qui sont visibles et compréhensibles sont faites de l'*Esprit du Mercure,* lequel *Esprit* est plus précieux que toutes les choses de la *Terre.* Car c'est de lui qu'elles sont faites & qu'elles tirent leur origine ;

c'est en lui que le Philosophe trouve tout ce qu'il cherche. Car cet *Esprit* est l'origine & le commencement des *Métaux,* étant réduit en un être spirituel, lequel ETRE n'est rien qu'un *Air volant* de ça & de là sans Ailes ; c'est un *vent mouvant,* lequel, après que *Vulcain* l'a chassé hors de son domicile, rentre dans son *Chaos,* puis se mêle et se dilate dans la plus *pure partie* ou Région de l'Elément de l'AIR d'où il était auparavant sorti, d'autant qu'il aime son semblable, y étant attiré par la force *Magnétique des Astres.*

Mais si cet ESPRIT DE MERCURE peut être pris et rendu *corporel,* alors vous avez une EAU claire, pure & transparente, qui est la vraie EAU spirituelle & première RACINE *Mercuriale des Minéraux* et des Métaux, qui est l'Eau *permanente* au FEU, entièrement dépouillée de toute aquosité terrestre & phlegmatique : C'est aussi cette EAU *céleste,* de laquelle tant d'Auteurs ont si amplement écrit.

Par cet ESPRIT DE MERCURE tous les métaux sont résous en leur *première Matière,* sans aucune corrosion, *comme la glace en l'Eau chaude* ; cet ESPRIT rajeunit l'Homme & tous les Animaux, & prolonge la VIE à la vieillesse, consume et détruit toutes choses excrémentaires. Cet ESPRIT est la clé de mes autres clés : *C'est pourquoi je crierai : Venez ici vous tous qui êtes bénis de Dieu, & qu'on vous soigne avec cette HUILE DE SANTE, et qu'on embaume vos corps, de peur qu'ils ne se gâtent par corruption et pourriture ; soyez aussi rafraîchis de cette*

Eau toute céleste, car elle bannit les excessives et peccantes chaleurs : Mais sachez que cet esprit de Mercure contient en soi les trois principes. Il est Mercure, puisque c'est une Eau CÉLESTE qui est le commencement de toutes choses ; il est *Soufre,* car c'est une HUILE INCOMBUSTIBLE, qui a son origine d'un *soufre spirituel,* qui est ce *moyen unissant* de l'ESPRIT & du CORPS, car c'est leur AME ; enfin il est SEL, puisqu'il est un CORPS, quoique spirituel, & ce SEL doit être réuni avec son MERCURE par l'HUILE, comme vous verrez ci-après plus amplement.

Et pour mieux faire entendre de quel *être, matière* et *forme* est cet ESPRIT DE MERCURE, je dis que sa substance est animée, sa matière spirituelle & sa forme terrestre ; Ce qu'on doit entendre comme *chose incompréhensible,* ces paroles seront indubitablement rudes et étranges à plusieurs parce qu'elles font naître des pensées extraordinaires. Il est bien vrai que ces *paroles* sont *extraordinaires,* c'est pourquoi elles requièrent aussi des *hommes d'extraordinaire Esprit* pour les entendre. A la vérité, elles ne sont pas si aisées à comprendre que l'est au paysan la méthode de bien conduire la charrue, et ceux qui ne sont pas versés en cette *science* ne la comprendront pas, quoique, inconsidérément, ils s'imaginent le contraire. J'estime celui-là instruit en la vraie SCIENCE, qui, *après la parole de DIEU & les Mystères du salut de son AME,* a appris à bien connaître ; par de bons principes et fondements bien raisonnés la NATURE des *choses sublunaires,* qui renferment les *Minéraux, Végétaux & Animaux* : afin que la lumière d'une vraie et solide *connaissance* dissipe et fasse évanouir l'obscurité de l'*ignorance* & que nous puissions distinguer le *bon* d'avec le *mauvais,* ou le *bien* d'avec le *mal.*

Il n'est pas nécessaire de savoir la première origine ou source de cet ESPRIT DE MERCURE ; sachez toutefois en passant qu'elle est *surnaturelle,* sortant des *Astres célestes* & des *Eléments de la première Création.* Mais il suffit de considérer cet *Esprit* en qualité de *Terrestre.* C'est pourquoi, laissez les *Astres & leurs influences,* en les concevant seulement par la *foi* ou l'*imagination,* parce que leurs *vertus & impressions sont invisibles & incompréhensibles* ; ne vous arrêtez non plus à la *spéculation des Eléments* : Car ils ont déjà par leur concours engendré cet *Esprit* : Et il n'est pas au pouvoir de l'*homme* de rien faire d'iceux, vu que cela appartient seulement au souverain *Créateur de l'Univers.*

Qu'il vous suffise donc de connaître ce seul *Esprit de Mercure,* déjà fait et engendré, qui a *forme,* & s'il n'en a point, savoir qui soit parfaite, il est compréhensible & toutefois incompréhensible en divers égards, quoique néanmoins visiblement apparent à nos yeux. De sorte que, quand vous l'aurez, vous pouvez vous assurer que vous possédez la *première* MATIERE dont sont faits tous les *Minéraux & Métaux*; cette MATIERE qui se joint avec le SOUFRE, qui est décrit au chapitre de VENUS, et avec le SEL, dont fait mention le chapitre de MARS, lequel SEL les réduit à une coagulation parfaite, & en un corps qui est une *souveraine & très puissante Médecine,* non seulement *pour guérir la lèpre des Métaux imparfaits ;* mais aussi *pour chasser toutes les maladies du corps de l'Homme & l'entretenir en parfaite Santé.* Et vous ne devez pas vous étonner des grandes *vertus* de cet Esprit parce que DIEU l'a ainsi ordonné & que la NATURE les effectue sous le bon plaisir de sa *divine Providence.* Plusieurs les croiront impossibles & mépriseront ces grands *Mystères,* parce qu'ils ne les entendent pas, & ils demeureront dans leurs persuasions erronées, jusqu'à ce qu'ils soient illuminés par la volonté de DIEU, ce qui n'arrive que bien rarement. Mais tous ceux qui sont *savants par le travail de leurs études ou expériences,* confirmeront que tout ce que j'ai écrit en ce Traité est aussi véritable que le CIEL est ordonné pour la récompense des *bons* & l'ENFER pour la punition des *méchants.*

Je n'écris pas maintenant tout ceci *autant avec la Main qu'avec le Coeur,* & une grande affection qui me porte a décrire *la Nature des corps Métalliques,* selon leur *intérieur* & leur *extérieur,* & même selon les principes qui sont enfermés dans leur *centre,* quoique il y ait plusieurs hommes qui, poussés d'un esprit mondain ou fantasque haïssent et blâment la recherche des *secrets admirables de la Nature : Cela n'empêchera pas pourtant, j'en suis assuré, que le temps viendra, lorsque la moelle de mes os sera desséchée, que plusieurs auront un très grand désir que je fusse encore en* VIE *pour les instruire de vive voix & si Dieu le permettait, ils me tireraient très volontiers hors du tombeau & des cachots de la Mort, ce que, sachant qu'ils ne pourront pas faire, je leur ai laissé des écrits, afin que soit confirmée par eux la croyance qu'ils doivent avoir de la vérité de ces hauts mystères et miracles de la Nature, & que cet écrit public confirme ma dernière volonté,* qui a été de favoriser les pauvres & les Amateurs de cette secrète science. Et quoique je n'aie du tant écrire, j'ai toutefois voulu, autant que je l'ai pu sans porter offense ou préjudice au salut de mon AME, vous envoyer une *lumière,* comme au travers d'une petite *Nuée,* afin que l'obscurité de la Nuit étant chassée, la nouvelle *clarté d'un jour serein vous éclaire & illumine.*

Sachez donc à cette heure comment l'*Archée* opère en *Terre* par *l'esprit de Mercure;* aussitôt que cette *semence spirituelle* est imprégnée par *l'impression des Astres* & nourrie par les *Eléments,* elle se convertit en EAU-DE-VIE *Mercuriale.* Et qu'au commencement, quand le *Macrocosme* fut fait de rien & que *l'Esprit* de DIEU donna la VIE à cette *créature terrestre,* la *Vertu divine* opérait par les *influences & opérations des luminaires célestes* ; comme pareillement dans le *Microcosme* était la *Vertu* de DIEU, mais c'était par la *Toute-puissante opération de son saint & sacré Souffle.*

Ensuite, le *Tout-puissant* donna un moyen par lequel sa volonté puisse être accomplie par la *Nature de chaque chose,* afin que l'une fût capable d'agir en l'autre & de s'entraider : Et ainsi fut donnée à la Terre *l'influence des lumières ou des Astres célestes* pour engendrer, ainsi qu'une chaleur interne pour décuire & échauffer ce qui serait trop froid dans ses entrailles, à cause de son *aquosité*, chaque chose produisant par ce moyen selon son genre & son espèce : De même, le Ciel rempli d'ETOILES excite une qualité chaude & une vapeur sulfureuse, subtile, apure & clarifiée, qui se joint & s'unit avec la substance Mercuriale de la terre, qualité par laquelle *l'humide* est petit à petit *desséché;* et si, en même temps, l'AME, qui est le baume de la nourriture, se joint au CORPS, en opérant par l'influence céleste, alors s'engendrent les *Métaux parfaits ou imparfaits,* selon que les *trois principes* ont plus ou moins travaillé : Mais si cet *esprit Mercurial* venant d'en haut est spécifié sur l'Animal, il se fait ANIMAL, ou s'il est spécifié sur le Minéral, il se fait *Minéral,* toutefois avec distinction & selon qu'il a opéré. Car, quant aux Animaux, il opère par soi; au regard des végétaux, d'une autre façon par soi, comme aussi aux *Métaux & Minéraux,* chacun s'en nourrissant suivant son instinct particulier, dont j'aurais lieu, si je voulais, de composer de très amples discours.

On aurait sujet de me demander, avec raison, comment on pourrait avoir ou faire cet Esprit Mercurial ? De quelle façon il le faut préparer, en sorte qu'il puisse guérir les maladies & transmuer les Métaux imparfaits par leur propre semence ? Je m'assure qu'il y en a plusieurs qui attendent la *Réponse* avec un grand désir : C'est pourquoi *Je ne cacherai rien, & dirai tout ce que la divine Providence me permettra de déclarer.*

Prenez donc, au nom de Dieu, d'une *Mine*

d'Argent vif rouge, & semblable au *Cinabre,* & de la meilleure *Mine d'OR* que vous pourrez trouver. Etant *purifiées,* broyez-les ensemble en poids égal, avant que de les exposer au *Feu,* & versez dessus de *l'Huile Mercuriale,* faite de *l'Argent vif sublimé et purifié* sans addition.

Mettez le tout à digérer au *feu* pendant un mois & aurez un *extrait* qui sera plus *spirituel* que *corporel* ; faites-le distiller tout doucement au Bain Marie, vous verrez sortir le *phlegme* ; l'huile demeurera au fond, bien pesante, qui tire à soi en un moment tous les *Métaux.* Versez sur cette *huile* trois fois autant d'esprit de VIN, faites circuler le tout dans un Pélican jusqu'à ce que l'esprit de VIN devienne en couleur de SANG & d'une grande douceur. Otez par inclinaison cet *esprit* de VIN coloré & en versez d'autre sur cette *matière,* le faisant circuler comme vous avez déjà fait : ce que recommencerez autant de fois que votre esprit de VIN ne puisse plus tirer de rougeur, ni de douceur. Après, prenez tout l'esprit de VIN qui sera coloré comme un rubis, versez-le sur du TARTRE *blanc* bien calciné, & distillez le tout à feu de cendres assez fort : l'esprit de VIN demeurera avec le TARTRE, mais *l'Esprit* de MERCURE passera.

Si vous mettez cet Esprit de MERCURE avec *l'esprit sulfureux* du SOLEIL & avec son SEL, et si vous les pouvez conjoindre ensemble par la distillation convenable, afin qu'ils ne se séparent jamais l'un de l'autre, vous aurez alors une *Médecine singulièrement excellente* : Mais si vous fermentez cette *Médecine* avec le corps du SOLEIL, selon le poids requis, & que vous conduisiez à perfection par décoction parfaite durant un certain temps, alors vous aurez un OR *plus que parfait,* qui sera une souveraine Médecine, tant pour les maladies que pour la pauvreté, & en aurez un grand *contentement de Corps & de Biens.*

Voilà la méthode pour avoir cet esprit de MERCURE, laquelle j'ai révélée, selon que j'en ai pu obtenir *licence du Souverain Commandeur* : Quant à mes opérations & *Tours-de-Main,* vous les considérerez & en userez sagement, afin que vous évitiez *les peines d'Enfer,* étant fidèlement admonestés par mes avertissements.

Au reste, *la porte de ce Palais Royal* ne peut être vraiment & philosophiquement ouverte que par une seule *Clef,* qui guérit toutes maladies, quelles qu'elles puissent être, comme hydropisie, paralysie, apoplexie, vertiges, goutte, pierre, épilepsie, lèpre; bref *toutes en général.* Ce MÉDIUM guérit aussi les maladies vénériennes et vieilles plaies, comme cancers, loups, fistules et toutes autres, ainsi que je vous ai déjà dit. Prenez bien garde à ceci et le retenez bien, savoir que *toute science a son commencement de cet Esprit Mercurial,* lequel est revivifié par le *Soufre spirituel* : De façon qu'il s'en fasse une essence toute *Céleste,* & si elle est jointe au *Sel,* il s'en fait un *Corps doué de vertus innombrables.* Mais le commencement de *l'Esprit de l'Ame et du Corps* demeure *l'Aimant,* comme il l'est aussi, & ne peut être connu pour autre.

Enfin tenez pour *vérité* que, *sans cet Esprit de* MERCURE, *l'*OR *ne saurait être rendu potable, ni la*

Pierre des Philosophes accomplie : Contentez-vous de ceci & gardez le *silence* : Car, moi même, je me tairai, puisque le *juge suprême* veut que vous & moi nous nous taisions, & mettez vous-mêmes en pratique cette science, sans vous en attendre à un autre, de qui *l'ignorance* vous serait dommageable.

CHAPITRE SECOND

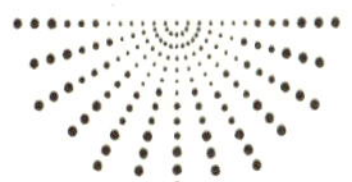

DE L'ESPRIT OU TEINTURE DE SATURNE

SATURNE dans la partie supérieure du CIEL est par-dessus & le plus haut de toutes les autres planètes ; mais dans la partie inférieure du Monde, à savoir dans la *Terre,* il est le plus bas, le moins estimé & le plus vil de tous les autres Métaux : Et tout ainsi que le CIEL a permis que cette lumière supérieure de SATURNE se soit élevée au plus haut des autres, au contraire, la *Nature* a voulu que *Saturne* fût par Vulcain rendu le moins parfait de tous ses Compagnons : Car la lumière supérieure a causé & engendré *Saturne* de corps non fixe, ouvert de beaucoup de pores, afin que l'*Air* puisse pénétrer son Corps & le soulever: mais d'autant que ce *Métal* n'est pas fixe, ni très compact, le FEU peut facilement agir sur lui pour le fondre, ce que doit bien observer celui qui recherche les mystères de Nature en lui : car il y a grande différence entre corps fixes & non fixes, &

entre les causes d'où proviennent leur permanence & leur volatilité. Et quoique les sens reconnaissent le *Saturne* pour plus pesant que quelques autres *Métaux*, notez pourtant que quand on le fond avec d'autres, nonobstant l'union que leur donne la fonte, les autres *Métaux* vont en bas, comme on voit dans l'ANTIMOINE quand il est fondu avec d'autres *Métaux* ; d'où on apprend que tous les autres sont de consistance plus compacte & resserrée que le BON SATURNE : Çar il faut qu'il cède et donne place aux autres, & ne saurait gagner aucune victoire sur eux, étant consumé avec les volatils à cause que ses *trois principes* sont chargés d'impureté & parce que son SEL est plus fusible qu'aucun SEL des autres, son Corps aussi est plus fusible et moins fixe.

Mais afin que vous appreniez la Génération de SATURNE, sachez que comme l'EAU commune devient *Glace* par la coagulation que lui cause la froideur naturelle provenant de l'altération du Ciel supérieur, de même on peut dire que SATURNE est coagulé & fait corporel par la grande froideur qui se trouve dans son SEL ; &, comme la *Glace* se résout par la chaleur, ainsi SATURNE étant de même coagulé et fait *Métal* est rendu fusible par un *feu* pareil à celui du Mont Æthna ; il se trouve en lui grande quantité de *Mercure,* mais non permanent, volatil, & une fort petite quantité de SOUFRE, qui est la cause qu'il n'a pu être assez échauffé. Le SEL de même se trouve en petite quantité, mais pourtant fusible, quoique la subtilité du SATURNE ne provienne pas du SEL : car si le SEL donnait la fusibilité & malléabilité, il s'ensuivrait que le MARS serait plus fusible & malléable que le Saturne : mais d'autant qu'il y a des distinctions & différences ès Métaux, vous devez bien prendre garde comment il les faut distinguer & entendre.

Tous les Philosophes ont écrit avec moi que le SEL donne la *Coagulation,* & corporifie chaque Métal, & il est en vérité ainsi : mais je prouverai bien par un exemple comment on le doit entendre. On tient l'*Alun* de plume pour un SEL, comme il l'est véritablement & peut être comparé au SEL de *Mars* ; lequel SEL alumineux est d'une nature non fusible, ainsi que celui de Mars. Le *Vitriol,* au contraire, bien qu'il ait un SEL en soi en petite quantité, est toutefois fusible & ouvert, c'est pourquoi son SEL ne peut pas donner une si grande coagulation au Métal, auquel il symbolise, que les autres SELS ; & nonobstant que tous les SELS des *Métaux* proviennent d'une même racine et semence, toutefois il faut observer une différence de leurs *trois premiers principes,* tout ainsi qu'une herbe diffère de l'autre & un animal d'un autre animal, dont les qualités et propriétés ont beaucoup de dissemblance.

L'AME OU TEINTURE de SATURNE est d'une qualité plus douceâtre que celle de *Jupiter* & on ne trouve quasi rien de si doux, si on fait la séparation des parties pures d'avec les impures, afin qu'on en fasse des opérations bien plus parfaites. De plus, cet *Esprit* ou *Teinture,* appelée communément SEL de SATURNE, est de nature fort froide

& sèche : c'est pourquoi je conseille aux personnes *mariées* de ne s'en pas beaucoup servir, car il refroidit trop la *Nature humaine* & empêche que leur *semence* ne puisse faire les opérations ordinaires : il n'est pas aussi utile pour la RATE & pour la *Vessie,* car il cause de soi beaucoup de *phlegmes,* ce qui engendre une grande *mélancolie* aux hommes : Car le SATURNE est un Gouverneur extrêmement *mélancolique,* vu qu'il augmente grandement l'humeur *atra-bilaire* en l'homme. Mais quand on se sert de son *Esprit,* alors un esprit mélancolique attire l'autre, & l'homme est guéri de l'influence de sa mélancolie. Le SEL ou AME de SATURNE guérit extérieurement toutes plaies, qu'elles soient vieilles ou nouvelles & arrivées par coupures, blessures ou autres accidents naturels, ce qu'aucun autre *Métal* ne saurait quasi faire. Il est aussi un grand *réfrigératif* pour les tumeurs chaudes des membres, & a cette propriété de manger la chair corrompue et pourrie : il sert d'un bon fondement pour guérir tous accidents et maladies intérieures, principalement d'origine chaude ou inflammatoire. Comme, au contraire, la noble VÉNUS fait des *merveilles* dans les autres maladies, parce qu'elle est de qualité *chaude,* au lieu que SATURNE se trouve *froid* : il y a aussi de différentes qualités entre le *Soleil* & la *Lune,* parce que la *Lune* est plus petite que le *Soleil,* & elle ne comprend dans la mesure de son Cercle que la huitième partie seulement de la grandeur du *Soleil* : Si la *Lune* avec sa qualité froide excédait en grandeur le *Soleil* comme celui-ci l'excède, alors tous les fruits de la *Terre* se gâteraient, car il serait toujours un temps d'*hiver* & ne se trouverait aucun temps d'Eté. Mais *Dieu,* le *Créateur,* a mis de certaines bornes et limites à ses créatures, en sorte que le *Soleil* puisse luire & échauffer de *jour,* & la *Lune* éclairer et rafraîchir de *nuit,* & rendre service de cette façon aux *Créatures* de la *Terre.*

Ceux qui sont nés sous l'influence de SATURNE sont d'ordinaire *Mélancoliques,* & si la raison ou l'instruction qu'on leur doit donner ne les modérait, ils seraient portés d'inclination à être rigoureux & toujours en inquiétude, &, croissant en âge, ils deviendraient avaricieux : ils s'adonnent ordinairement à des entreprises hautes & difficiles, sont fort laborieux et grandement pensifs, se réjouissent rarement en compagnie, & ne portent pas grand amour à la beauté naturelle du *sexe féminin,* mais aiment l'agréable divertissement de la MUSIQUE.

Enfin je vous dis que SATURNE a pris naissance de peu de SOUFRE, de peu de SEL, & de beaucoup de MERCURE grossier et peu mûr, lequel peut être comparé à l'*écume* surnageant sur l'*Eau,* en regard du Mercure de l'OR qui est d'un degré très chaud : Le MERCURE de SATURNE n'a pas une *Vie* aussi vigoureuse que celui de l'Or, parce qu'il se trouve une plus grande chaleur en celui-ci, qui est cause de cette vigueur, laquelle a été grandement augmentée par l'*Archée* dans ce monde inférieur & Soleil terrestre, de la *Vie* & esprit vif duquel se fait la *transmutation* & amélioration des *Métaux.*

Maintenant, voilà la description véritable des *trois principes* de SATURNE, au regard de leur Origine, qualité & complexion. Ainsi je vous donne avis qu'aucune transmutation de Métal ne se peut faire par le *Saturne,* à cause de sa grande froideur, excepté qu'il peut coaguler le *Mercure* vulgaire, d'autant que le *Soufre* froid de Saturne peut dominer sur l'esprit chaud du *vif argent* vulgaire, si on y procède bien : C'est pourquoi on doit observer une telle méthode, que la Théorie réponde à la Pratique.

Vous ne devez mépriser le SATURNE, parce que sa vertu & propriété est inconnue de beaucoup de monde : *Car la Pierre des sages Philosophes tire le premier commencement & origine de sa Couleur Céleste & resplendissante procédant seulement de ce Métal, & moyennant l'influence des Planètes la Clé de fixité & permanence est donnée à Saturne* par la putréfaction, parce que du Jaune ne peut venir aucun Rouge, s'il n'a été du Noir premièrement fait blanc.

Je pourrais encore décrire beaucoup de choses naturelles & surnaturelles, & raconter leurs vertus admirables, outre ce que j'ai dit auparavant et prétends dire en la suite des Chapitres du reste des *sept* métaux ; mais à cause qu'un autre travail m'en empêche, je conclurai le plus brièvement qu'il me sera possible ce Chapitre, me réservant de déclarer le reste de la secrète science des Métaux et Minéraux au Livre que je mettrai bientôt au jour, contenant un traité de l'ANTIMOINE, *Vitriol, Soufre & Aimant des Philosophes,*

& des autres matières, qui, par préférence, tiennent enfermées dans leur intérieur la vraie *Matière* & substance de laquelle l'OR & l'ARGENT ont leur *Commencement, milieu & Fin,* avec leurs vraies transmutations particulières, quoique cette *vertu* en sa perfection soit dans une seule & unique *Matière,* dans laquelle la semence de tous les *Métaux & Minéraux* est invisiblement cachée, & cette Matière est visible aux yeux de tout le monde, mais parce que l'opération de sa *vertu* est profondément cachée & enfermée, & qu'elle est inconnue de plusieurs, c'est pourquoi cette digne Matière est estimée *inutile & de nulle valeur* & demeurera ainsi, si ce n'est qu'à l'exemple des disciples de notre Seigneur, qui allèrent en Emmaüs & reconnurent le Sauveur par la fraction du pain, les yeux soient quelque jour ouverts aux enfants de la Science, afin qu'ils voient la *merveille de toutes les merveilles* que le puissant Créateur de toutes choses a mis et enfermé dans une chétive Créature ou *matière,* dont le nom est *Hermès,* qui a dans ses Armes un *Serpent volant & dont la femme est appelée Hermaphrodite, laquelle connaît tous les Coeurs des humains, & est pourtant une seule Matière, un seul Etre commun partout & connu de tous, & qu'un chacun manie; duquel même plusieurs se servent pour des choses basses & de peu d'importance.* On fait grand cas d'une chose haute & élevée, & on néglige une chose basse, quoi qu'elle tienne enclose une autre chose de très haute considération, & qui n'est autre chose qu'une EAU & FEU desquels la *Terre* par le moyen de l'AIR est engendrée, conservée & parfaite.

Grâce soit à l'Eternel pour ses dons, & que ceci suffise pour la déclaration que je me suis proposé de manifester en ce Chapitre.

CHAPITRE TROISIÈME

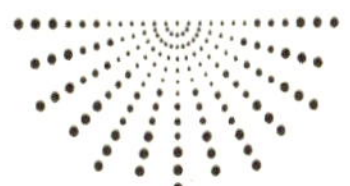

DE L'ESPRIT OU TEINTURE DE VENUS

La planète de VENUS ne peut être calculée que très difficilement, comme me l'avoueront les Mathématiciens & Astronomes : Car son Cours se fait autrement que celui des six autres Planètes, c'est pourquoi sa naissance est aussi d'une autre sorte. Je dirai donc que la Naissance de VENUS possède le premier rang après *Mercure,* mais quoique Mercure ait cette propriété de pénétrer & de faire agir, il ne saurait rien faire néanmoins, si *Venus* ne l'incite & pousse en ses opérations particulières auxquelles elle participe avec plaisir & beauté tout ensemble. Je ne me vante point ici d'être Astronome, ni de pouvoir calculer le Cours des *Astres,* parce que je dois passer mon temps en prières dans la Maison de *Dieu*: mais afin qu'après mes dévotions je ne perde point inutilement le temps que j'ai de reste, je m'adonne a la connaissance des choses Naturelles, en la recherche desquelles j'ai connu qu'il est assez facile de savoir d'où *Venus* a pris son Origine & sa naissance ainsi que son accroissement : comme aussi ce qui peut être produit par sa grande & copieuse abondance, car elle est plus vêtue qu'elle n'en a besoin, & il lui manque seulement la fixité.

Sachez donc que *Venus* est vêtue d'un *soufre Céleste* qui est plus abondant en elle qu'au *Soleil,* duquel on en tire beaucoup moins que d'elle : mais afin que vous appreniez quelle est la Matière de ce *soufre,* qui domine abondamment en cette *Venus* & dont je fais si grand cas, sachez que c'est aussi un *esprit chaud* & volatil qui peut pénétrer et décuire, ce que l'ignorant ne croit pas, & s'il demande comment l'*esprit de Venus* peut perfectionner les Métaux imparfaits, vu qu'il est lui-même imparfait & non fixe, je lui réponds, comme j'ai déjà dit, qu'encore que cet *Esprit* ne possède pas dans le *Venus* un domicile fixe, et qu'aussitôt que ce domicile est brûlé par le *Feu,* celui qui y loge soit contraint de quitter avec regret l'Hôtellerie où il logeait comme passant: néanmoins, si ce même *Esprit de Venus* étant extrait est joint au *Corps fixe du Soleil,* il est protégé, & personne ne peut le chasser de la, si ce n'est qu'un certain Juge donne son consentement pour cet effet: car il est mis dans ce fort domicile comme dans sa *Terre naturelle,* où il est obstinément enraciné par ce *Corps parfait* & fixe.

Cet *Esprit* ou *Teinture de Venus* se trouve aussi dans le MARS & y est encore plus parfaite : Car *Mars est le Mâle & Venus la femelle,* dont j'ai fait mention en un autre lieu : Cette *Teinture* se trouve aussi dans la *couperose* & dans le Vitriol qui est un *Minéral duquel je pourrais écrire un Livre entier* ; & en ces choses se trouve un *soufre* qui brûle & un autre qui ne brûle point, ce qui est une chose merveilleuse ; l'un est *blanc* en son extraction, & l'autre est *rouge,* celui qui ne brûle point est le vrai & légitime *soufre,* & en lui est enfermé un pur *Esprit,* dont se fait une *huile* permanente au *Feu,* & c'est de ce même *esprit* qu'a été fait le *soufre* du *Soleil,* étant d'une même racine.

Je manifeste ici plusieurs secrets que je ne devrais pas déclarer : mais que ferai-je ? il n'est pas expédient de tout cacher; car la médiocrité est bonne en toutes choses, comme vous verrez dans ma protestation.

Ce *soufre* de VENUS peut bien être appelé & nommé le *Soufre des Sages,* car toute sagesse et bonheur se trouvent en lui, si une fois il est conjoint par une union spirituelle avec le *Sel* de *Mars* & *l'esprit de Mercure,* afin que de ces trois se fasse un par une même Opération. Et ce *soufre spirituel* vient d'en haut, ainsi que *l'Esprit de Mercure*: mais avec différence, car les Astres produisent diversement les choses fixes & non fixes, les colorées & non colorées.

La *Teinture* consiste en la vertu de *l'Esprit de Venus,* & principalement dans celui de *Mars* son mâle, & cet *Esprit* est une fumée puante & malodorante au commencement, laquelle doit être résoute en manière de liqueur; afin que l'huile puante & incombustible en puisse être faite, qui tire son origine de MARS ; cette huile s'unit facilement avec *l'Esprit de Mercure* & attire à soi tous les Corps des Métaux, quand ils sont auparavant bien préparés, selon la méthode de mes Clefs.

Je n'observe pas ici l'ordre des Planètes pour cause ; car je décris seulement le rang de leur naissance : *Venus* donc ayant beaucoup de *soufre* a été plutôt décuite avec *Mars* que les autres Métaux. Mais *Mercure* les a fort aidés; il n'a pu toutefois améliorer leurs Corps imparfaits, ni les fixer, faute d'un lieu propre, apte et convenable pour opérer en eux à cette fin.

Je vous révélerai ici ce *secret*, qui est que le *Soleil, Venus & Mars* ont une même Teinture de semblable substance & couleur, & la substance de cette *Teinture* est un *Esprit* & une fumée, comme j'ai déjà dit, qui pénètre tous Corps Métalliques : Si le pouvez rendre plus aigu par *l'Esprit* du SEL de *Mars* & le conjoindre avec l'Esprit de *Mercure,* selon le poids nécessaire, les purifiant de toutes impuretés afin qu'il s'en fasse un corps doux sans corrosion, vous aurez *une Médecine, laquelle ne peut être comparée a aucune du monde : Mais si vous la fermentez avec le SOLEIL resplendissant, vous posséderez tout à fait le secret pour transmuer les Métaux.*

O Sapience éternelle ! Comment vous rendra-t-on assez de grâces pour un *secret* que le monde ne considère point & que la plupart néglige de connaître ? Il est caché dans la *Nature,* tout le monde le voit devant ses yeux & ne le connaît point ; chacun l'a dans ses mains & ne le comprend pas; on le manie souvent sans y prendre garde & sans savoir ce que l'on touche; cet aveuglement ne tient qu'à ce que son intérieur leur est caché.

En vérité, je vous révélerai encore pour l'Amour de Dieu un grand *Mystère,* savoir que la *Racine du soufre des Philosophes,* qui est un *Esprit Céleste,* comme aussi la *Racine* ou Origine de cet *Esprit spirituel* & surnaturel de *Mercure,* & ,même le commencement ou source du *Sel* spirituel, est en une seule chose, & se trouve en une seule & même Matière de laquelle se fait la Pierre des Philosophes & non en plusieurs choses, quoique les Philosophes allèguent le MERCURE par soi, le SOUFRE par soi, & le SEL par soi : mais je dis que par cela ils entendent les impuretés qui se trouvent en chacun d'eux. On peut toutefois faire par plusieurs voies une *Médecine* particulière pour une *transmutation* médiocre & limitée des Métaux.

Mais cette *Médecine* ou *Transmutation Universelle, qui est le grand Trésor de la Sapience terrestre,* faite des *trois Principes,* se trouve & se tire seulement d'*une seule & unique Matière,* qui réduit tous les Métaux à un Principe & première Matière, & est le vrai *esprit de Mercure, l'Ame du Soufre, & le Corps spirituel du Sel,* unis & enfermés corporellement & spirituellement ensemble dans une *Matrice Céleste & de même nature qu'eux, & est le Dragon & l'Aigle ; le Roi & le Lion ; l'Esprit & le Corps* ; laquelle Médecine teint le Corps du *Soleil* d'une *Teinture* si exubérante & d'une puissance si abondante, qu'il a une vertu présente : celle de *teindre & fixer ses compagnons parfaitement.*

O Benoîte Médecine donnée de Dieu le Créateur ! *O Aimant Céleste,* dont la force a des attraits de douceur & d'Amour ! *O substance dorée des Métaux* ! Combien grande est ta force ? Combien est incompréhensible ta vertu ? & combien courageuse est ta constance ? Bienheureux est celui sur terre qui connaît ta lumière par vérité : car il ne sentira aucune pauvreté ni maladie & aucun mal ne l'incommodera jusqu'à sa MORT, déterminée par l'arrêt de son Roi céleste. Il est impossible que toutes les langues des hommes puissent déclarer *la Sagesse qui est cachée dans ce trésor,* & tous les éloquents seront contraints de se taire & s'étonner & admirer avec un grand ravissement d'esprit lorsqu'ils verront cette gloire surnaturelle. Mais j'appréhende d'en avoir trop déclaré ; J'espère toutefois prier Dieu, afin qu'il ne m'impute pas cela à péché puisque j'ai commencé cette oeuvre en sa crainte & l'ai révélée pour sa gloire. O sainte & éternelle Trinité ! Je te loue & honore de coeur & de bouche, de ce que tu m'as révélé la grande sagesse de ce monde terrestre, comme aussi ta divine Parole, dont je connais la toute puissante vertu & les merveilles surnaturelles qu'elle a produites, lesquelles l'homme ne veut pas reconnaître. Je te supplie d'affection, donne-moi dorénavant raison & sagesse, afin que je puisse jouir de ce TRESOR de merveilles avec action de grâces pour l'utilité de mon prochain & pour le salut spirituel de mon AME & la santé de mon Corps ; & que ton nom en soit glorifié & honoré par toutes créatures au Ciel & en la Terre, & que mes ennemis puissent connaître que tu es un Seigneur plein d'infinies merveilles, & qu'à la fin ils viennent à repentance de leurs crimes & se convertissent à toi pour éviter la punition qui est préparée aux méchants dans les ténèbres inférieures : C'est pourquoi aide-nous par ta divine grâce, O Père, Fils & Saint-Esprit, Mon Dieu qui es élevé sur toutes choses dans ton Trône de gloire & de puissance, duquel la sagesse n'a point de commencement ni de fin ; devant qui il faut que toutes les créatures célestes, terrestres & infernales TREMBLENT AVEC RESPECT, & que tu sois loué des siècles des siècles, ainsi soit-il.

O Chérubin ! O Séraphin ! O Combien sont grandes les merveilles de mon Seigneur & Dieu ! Priez-le qu'il lui plaise me regarder comme étant chétive créature & serviteur très abject, & d'apaiser son courroux envers moi de ce que je donne & publie cette présente Révélation des mystères les plus cachés de la Nature.

Après, il faut que le lecteur sache & observe la naissance de *Venus,* à savoir que Vénus est engendrée de beaucoup de *Soufre,* que son *Mercure & Soufre* sont en même poids, parce qu'on n'y trouve pas plus de l'un que de l'autre : mais d'autant que le *Soufre* surpasse en abondance de *Teinture* le *Mercure* & le *Sel,* il en sort une grande *Rougeur* teingente, laquelle a pris possession de ce Métal & a empêché le *Mercure* d'achever la fixité.

Sachez donc que le *Corps de Venus* est justement comme un arbre qui a beaucoup de *résine* ainsi qu'est le *sapin* ou autre semblable, laquelle

Résine est le *Soufre* de l'arbre résineux qui jette par son côté la *Résine* en abondance. Un tel Arbre ainsi abondant en *Teinture & soufre de Nature,* & décuit par les Eléments, brûle facilement & n'est pas aussi durable ni pesant que le *Chêne* & autres semblables, qui sont denses & compacts, n'ayant pas leurs pores aussi ouverts que les Bois légers es quels le *soufre* domine abondamment. C'est pourquoi les autres ont plus de *Mercure* & de bien meilleur SEL que le Sapin & ils ne surnagent pas aussi sur l'*Eau* aussi aisément que lui, car leurs pores sont si étroitement resserres que l'Air ne pouvant pas y entrer pour les supporter, ils demeurent ainsi pesants. C'est ici la vraie pensée de ce qu'il faut croire des *Métaux* & principalement de l'OR, qui a acquis un Corps invincible, fort fixe, & resserré par l'abondance de son *Mercure* fixe & bien cuit, auquel ne peuvent nuire aucunement le *feu,* ni *l'eau,* ni la *terre,* ni *l'air,* ni aucune putréfaction, parce que ses pores sont étroitement clos & serrés, afin que la nuisance & destructive puissance des *Eléments* ne lui puisse faire aucun tort, laquelle compacité & fixité donnent un témoignage assuré de la pesanteur que l'OR doit à bon droit avoir plus que les autres Métaux; ce qui se vérifie facilement dans des balances & aussi par le moyen du *vif- argent,* sur cent livres duquel, si vous mettez un scrupule d'OR, il ira incontinent au fond par sa pesanteur, comme aussi les autres Métaux étant plus légers surnagent au-dessus, parce que leurs pores sont plus ouverts, & l'*Air* & le vent les pénètrent davantage.

Vous devez encore observer que l'*Esprit de Venus* fait de grands effets en la *Médecine* : car on sait par expérience que sa *vertu* est très utile, non seulement celle qui vient de cet *Esprit,* tiré de son premier être ou origine ; mais aussi la vertu qui se trouve en ce même *Esprit,* tiré & extrait de sa dernière matière.

Enfin cet *Esprit de Venus* est un Médicament & remède fort louable, car il guérit la suffocation de matrice, l'épilepsie, l'hydropisie, le *noli me tangere,* les vieilles plaies, les apostèmes, tant internes qu'externes ; il préserve le sang de putréfaction, excite la digestion, rompt la pierre, de quelque façon qu'elle soit & fait de merveilleux effets, tant au-dedans qu'au-dehors du Corps humain. Vous devez encore observer ceci de l'*Esprit de Venus,* que c'est un Esprit chaud, & pénétrant, cherchant & consumant toute la mauvaise humidité & phlegme superflu, tant es *hommes* qu'aux *Métaux,* qui peut avec raison être mis au rang des plus excellents *remèdes.* Il est igné & aigu, & toutefois incombustible, spirituel & sans forme: c'est pourquoi il peut aussi comme un *Esprit* sans forme donner ignéité, cuire & mûrir, & si vous êtes un vrai naturaliste, ayez-le en recommandation, car il ne vous délaissera point sans la *santé,* ni sans les *richesses,* moyennant que vous le connaissiez & sachiez bien vous en servir.

J'espère que mes écrits, joints à ma bonne volonté, auront quelque crédit envers ceux qui sont observateurs de la *Nature,* & qui sondent & pratiquent ses *secrets.* C'est pourquoi ils aiguiseront leurs sens & ouvriront leurs yeux & leurs oreilles, afin qu'ils puissent apprendre de moi ce qu'on n'a jamais observé ni appris : à savoir ce qui se trouve dans cet *Esprit sulfureux* de VENUS, mais celui qui n'observe & n'entend mes écrits ne fera ici aucun profit. Personne donc ne saura user utilement de cet esprit s'il ne fouille & cherche dans le Venus par son exacte Anatomie, les *secrètes & intérieures, vertus qui sont en lui, ainsi que j'ai fait* : Si quelqu'un peut m'en apprendre quelque chose que je ne sache pas encore, je le prie avec affection de ne m'en être pas ingrat ; il en sera récompensé par mille remerciements avec usure, & ainsi je vous recommande au très haut Créateur.

CHAPITRE QUATRIÈME

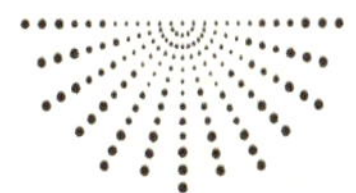

DE L'ESPRIT OU TEINTURE DE MARS

MARS & VENUS ont une *Teinture* toute de même comme l'OR & comme aussi tous les Métaux, en quelque petite quantité qu'elle puisse se trouver en eux.

Il est véritable & connu d'un chacun qu'il y a des hommes différents en leur humeur, & dont les opinions sont fort diverses ; lesquels néanmoins prennent leur origine & sont engendrés d'une même semence & matière. Cette diversité qui est en eux provient principalement de *l'influence que les Astres impriment,* tant en leurs *Corps* qu'en leurs *Esprits* & en tous leurs *sens* ; & comme ces *Influences Célestes sont variables* & changeantes, selon leurs différents aspects : ainsi les inclinations des hommes, prenant & empruntant leur force ou leur faiblesse de ces influences, sont, par conséquent, grandement différentes entre elles. Par exemple, un homme est enclin aux études des Mathématiques ; un autre affectionné à la *Théologie* ; un autre à la *Jurisprudence* ; un autre à la *Médecine* ; un autre à la *Philosophie.* Il y a plusieurs *Esprits* affectionnés aux *Arts* & métiers : Car l'un devient Peintre, l'autre Imprimeur ; celui-ci un Cordonnier, celui-là un Tailleur, & ainsi des autres. Tout ceci vient *des Influences des Astres ; ensemble aussi de l'imagination particulière d'un chacun, confirmée surnaturellement par les vertus Célestes.* Ainsi il se voit que tout ce que l'homme s'est une fois fortement proposé & imprimé dans son esprit, y demeure attaché de telle sorte qu'il est presque impossible de lui ôter hors de la fantaisie, si ce n'est par de fortes raisons & grande longueur de temps, ou par une puissante résolution de faire le contraire ; ou si ce n'est qu'en un instant la *Mort* survienne, qui met fin à toutes choses.

Ainsi en est-il des hommes qui s'adonnent sérieusement à la *Noble & légitime curiosité de la vraie* CHIMIE *& à la recherche des plus profonds secrets de la Nature,* lesquels pour l'ordinaire n'abandonnent point cet excellent exercice qu'ils ne l'aient pratiqué & fondé par toutes les voies qu'ils ont jugé raisonnables en leur esprit, quoi que cela ne se fasse pas trop aisément.

La même chose peut se dire des *Métaux* : Car *selon que les Influences & imaginations des Astres influent sur les Minéraux & Métaux, leur différence se fait,* & comme tous les hommes sont tous hommes, mais différents comme j'ai déjà dit, ainsi tous les *Métaux* sont appelés *Métaux,* comme aussi le sont-ils. Toutefois, quoiqu'ils soient tous engendrés d'une *même semence* & matière, ils ne laissent toutefois d'être *divers* en leur nature particulière : car l'un est chaud & sec, l'autre froid & humide; d'aucuns sont d'une complexion simple, les autres d'une qui est composée.

Mais pour revenir à parler particulièrement du MARS, vous saurez qu'il a en sa composition & degré un SEL plus grossier que les autres *Métaux;* d'où vient par conséquent que son *Corps est plus dur grossier & solide,* & moins malléable que tous ses compagnons - ce, par l'ordre de la *Nature.* En lui se trouve *peu de Mercure, plus de soufre* & beaucoup de SEL; de cette mixtion & addition des *Eléments,* est procréé son *Etre* naturel : il contient en soi un *Esprit* qui, en ses opérations & *vertus* est tout semblable aux autres : Mais si vous connaissez le véritable *Esprit de Mars,* je vous dis ingénument qu'un grain de cet Esprit ou QUINTESSENCE prise avec de l'*Esprit* de VIN fortifie le coeur de l'homme, de telle sorte qu'il n'a aucune peur de ses ennemis, excitant en lui un *coeur* magnanime de *Lion,* & même *l'échauffant* pour le rendre capable d'emporter une *Victoire* contre Venus. Ainsi, quand la conjonction de *Mars & Venus* se rencontre dans les constellations, alors ils ont fortune & victoire dans leur bon & malheur, & demeurent unanimement ensemble, même ayant pour ennemis tout le monde. Mais à cause que je suis *Religieux dans un Monastère occupé au service de Dieu,* je suivrai ses saints commandements, qui me prépareront le chemin dans le Ciel ; tâchant par une *foi vivifiante & par une fervente invocation de son aide de me tenir ferme en la grâce de notre Médiateur & patron Jésus-Christ, & j'abandonnerai les affections déréglées & désirs impertinents de la chair & du monde dressant mes intentions purement a la gloire de mon Dieu & au soulagement de mon prochain, en faveur duquel je laisse au monde ces miens écrits en considération de la charité que je lui porte.*

Donc, par cet *Esprit de* MARS sont admirablement bien guéries toutes maladies Martiales, comme la Dysenterie, les maladies des femmes appelées Menstrues, tous flux de ventre & plaies ouvertes internes & externes de tout le corps, causées par le Mars sanguinaire, qu'il serait trop long de citer par leurs noms, lesquelles sont connues des *Médecins savants*. Si l'*Esprit* de MARS est bien connu, on trouvera qu'il a une *secrète affinité avec l'Esprit* de VENUS & que ces *deux Esprits étant convenablement réunis & faits une Matière d'une même substance, forme, essence & vertus, ils peuvent guérir les susdites maladies & transmuer les Métaux avec profit.*

Mais on doit remarquer la *propriété & vertu que* MARS *possède en sa forme corporelle & Corps terrestre utile a plusieurs choses* : car il arrête le sang des plaies extérieures & ôte intérieurement les *obstructions du Corps; il gradue & augmente la* TEINTURE *à la* LUNE, & fait plusieurs autres beaux effets, quoique cela n'arrive pas toujours heureusement pour le Corps de l'homme, ni des Métaux, parce que par lui seul, selon son Corps grossier, on ne peut faire grand profit, si ce n'est qu'on sache *les secrètes vertus que la Nature a mis en lui.* Il faut que je dise encore ceci, que la *Pierre d'Aimant* & le vrai MARS ont de mêmes vertus dans les maladies du Corps humain & *sont tous deux d'une même Nature.* Mais en ce qui concerne l'intelligence céleste spirituelle & Elémentale entre le *Corps* son *Ame* & son *Chaos* dont *l'Ame* & *l'Esprit* sont sortis, je dis que le *Corps* s'est trouvé le dernier dans cette composition.

Mais que fera-t-on si les grossiers ne comprennent pas ceci, & si ceux à demi sages n'y prennent pas garde, ou si ceux qui sont extraordinairement sages examinent trop ce que j'ai ici écrit ? Je voudrais que ces derniers fussent portés d'affection envers mes écrits, & qu'ils les expliquassent simplement & sagement, car ils portent avec soi leur Sentence & conclusion si clairement que les intelligents ne manqueront jamais à les entendre d'eux-mêmes, & d'en tirer la résolution de ce qu'ils auront à pratiquer. Pour conclusion de ce chapitre, sachez que les gens mariés ne peuvent pas longtemps vivre d'accord en leur ménage si l'un tourne le chariot d'icelui vers l'Orient, & l'autre vers l'Occident, parce qu'ils sont différents en intentions & actions, ce qui cause entre eux de grands désordres : Mais s'ils veulent vivre paisiblement & longuement en amitié, il faut qu'ils soient d'un même *Esprit*, pensée, opinion & vertu pour accomplir ce que leur *coeur* désire, & ainsi l'Amour & la fidélité régneront parmi eux; aussi je dis que, si les *trois Principes* ne sont par une due proportion & purification philosophique, joints & unis ensemblement, ils ne produiront pas l'effet de la fin désirée, à cause du discord & de la disconvenance qui seraient parmi eux : Car le MERCURE est de soi trop craintif & manque de constance & fixité; le SOUFRE ne peut pas échauffer le *Corps* avec amour à cause de sa petite quantité de chaleur ; le SEL n'a pas aussi une qualité propre & naturelle à cause de sa grande abondance, faisant une coagulation trop forte & trop dure. Mais après qu'ils seront bien préparés & purifiés, ils donneront par leur *triple* union & digestion parfaite, *une chose* en UN, qui cause tant de merveilles.

Je crois que vous prendrez en bonne part cet exemple, puis que Syrach loue la fidélité & la malice d'une femme, mais en diverses façons, & ainsi je prends congé de MARS, ajoutant ceci : que personne ne peut juger la différence d'une ou plusieurs choses, s'il ne les a considérées auparavant, & appris, connu & bien fondé leur nature & leurs propriétés.

CHAPITRE CINQUIÈME

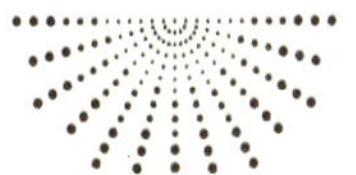

DE L'ESPRIT OU TEINTURE DU SOLEIL

La lumière que j'ai reçue du Ciel m'oblige de révéler par écrit une chose qui est le vrai symbole du *Courage* & de la *constance,* parce que le SOLEIL est un FEU ardent & consumant, *Chaud & sec,* qui contient la plus grande force & vertu des choses naturelles : la *vertu,* dis-je, de ce SOLEIL cause les TROIS CHOSES plus considérables parmi les hommes : savoir, le *bon entendement,* la SANTE & les *richesses.* Je n'ai pas peu de peine en moi- même, & mon *Esprit* n'est qu'en crainte d'entreprendre le dessin de révéler des choses qui ont toujours été tenues dans le *secret* ; mais quand je rentre en moi-même & que je rappelle les pensées & motifs qui m'incitent à continuer ce dessein, il n'est pas en mon pouvoir de m'en distraire, & je trouve qu'il ne me reste qu'à user de discrétion & de quelques précautions dans ma façon d'écrire, afin que je ne sois cause d'aucun mal; mais plutôt qu'on aie sujet de me remercier de l'utilité qui en pourrait provenir, en quoi suivant l'occurrence, je me servirai de la même méthode que les autres Philosophes qui m'ont précédé. Observez donc en premier lieu qu'il faut bannir toutes choses étranges & qui ne sont utiles à la spéculation Philosophique, mais qui peuvent plutôt être cause que vous perdiez l'occasion de jouir de ce qu'il vous faut chercher ; or sachez que si vous êtes épris d'affection à posséder cet *Aimant doré*, vous devez *premièrement adresser vos voeux & prières à DIEU avec zèle, contrition & humilité, afin que puissiez parvenir à la connaissance scientifique des TROIS divers MONDES qui sont à la raison humaine les curieux objets d'admiration.*

Le premier est le MONDE céleste ou ARCHETYPIQUE, dans lequel l'AME immortelle doit avoir sa résidence, duquel vient son premier ETRE qui fut après la Création divine de l'Univers. Ce monde sur-céleste est, après DIEU, *la première imperceptibilité mouvante ou la première AME mouvante imperceptible, par laquelle la VIE naturelle opère sur- naturellement,* & cette AME ou *Esprit* est la *première Racine & source de VIE de toutes les créatures,* & ce que l'on peut véritablement appeler PRIMUM MOBILE, duquel les Sages & doctes ont tant écrit & disputé.

Le SECOND *Monde* est le CELESTE ou Ectypique, dont devez ensuite considérer les observations: Car c'est en lui qu'habitent & règnent les PLANETES & les ASTRES, & où ils ont leur *cours, force & vertu,* y accomplissant leur devoir, selon le *décret de la Providence Divine,* causant ainsi la génération des METAUX & MINERAUX par leurs spirituelles influences.

Le troisième est le MONDE *Elémentaire ou Typique,* dans lequel sont tous les *Eléments* & les créatures sublunaires, parmi lesquelles sont les METAUX & MINERAUX *qui tirent leur origine des spirituelles influences de ces deux premiers Mondes, lesquels impriment incessamment leurs vertus dans ce Monde Elémentaire.*

C'est du Monde SURCELESTE que la source de la VIE & de l'AME de toutes choses tire son origine ; & du *Monde* CELESTE provient la lumière de l'ESPRIT. Mais c'est du troisième, savoir du *Monde* ELEMENTAIRE que procède le FEU *imperceptible,* tout divin & invincible par lequel les choses palpables & de solidité *corporelle* sont décuites ; ces TROIS substances ou *matières* sont les véritables *Principes* de la Génération & forme des METAUX, entre lesquels l'OR est le plus *excellent* & de beaucoup préférable à tous les autres, parce que, par les opérations des *Astres & des Eléments,* le MERCURE de ce Métal a été décuit jusques à la perfection.

De même la vertu séminale des Animaux qui sont du sexe mâle, qui est l'*Agent,* se rencontrant dans les MATRICES de l'autre sexe, qui est le *Patient,* cette même semence se trouve être contiguë à la matière *Menstruelle,* qui est la *Terre,* & étant ainsi sortie de *l'Agent* & reçue par le *Patient,* elle est travaillée par les *Astres & Eléments,* afin que ces deux SEMENCES puissent être *unies & nourries dans leur Terre* MATRICE pour leur naissance & production.

Le même aussi doit-on observer de l'AME des Métaux, qui a été conçue par une composition imperceptible, invisible, incompréhensible, occulte & *surnaturelle,* & comme d'EAU & d'AIR, formée du *Chaos,* & ensuite décuite par le FEU & la *lumière* céleste ou *Elémentale* du SOLEIL supérieur, duquel les ASTRES reçoivent leurs forces, quand sa chaleur pénètre dans l'intérieur de la *Terre* comme dans sa MATRICE, & y porte la propriété opérative des ASTRES supérieurs qui fait que la *Terre* devient ouverte, afin que l'*Esprit* inclus en icelle puisse donner nourriture & produire les *Métaux, Herbes, Arbres & Animaux, selon la semence multiplicative prolifique d'un chacun,* comme j'ai déjà dit que les hommes sont spirituellement & divinement conçus, les facultés de leur AME & ESPRIT étant formellement perfectionnées par la nourriture de la *Terre Matrice,* leur *Mère-nourrice.* Ce que l'on peut observer pareillement en tous les *Métaux & Minéraux,* & ceci est le plus grand *secret* de l'OR, de montrer & faire entendre, par exemple & similitude où la NATURE a caché ce grand *Mystère.* Il y a moyen de prouver que la *lumière* céleste du SOLEIL est d'une propriété *ignée* que le Créateur du Ciel & de la terre a mis en elle, par le moyen d'un ESPRIT SULPHUREUX, Céleste, fixe & permanent, pour entretenir sa *substance corporelle & sa forme,* & cette créature céleste est enflammée par son cours perpétuel, si vite & si rapide, avec lequel elle se meut dans l'AIR, & qui continuera autant que son Cours sans diminution de ses forces, parce qu'il n'y a aucune matière *combustible* en elle par laquelle cette grande *lumière* puisse être contrainte de souffrir diminution.

Ainsi donc, l'OR est décuit par ces *Principes* d'en-haut & parvient à telle *fixité* & nature invincible, en sorte qu'aucune chose ne peut lui nuire, parce que les effets de l'*Astronomie* supérieure ont agi par leur commerce & *relation harmonique avec l'inférieure,* de telle sorte que ces *Astres inférieurs* étant fixés par les influences & vertus des *Supérieurs* auxquels ils symbolisent, ils ne cèdent à aucun examen, parce que ceux d'*en-bas,* par les influences & facultés de ceux d'*en-haut,* en ont obtenu une grande fixité & constance : observez & remarquez bien ceci sur la *première Matière* de l'OR.

Il faut que j'ajoute encore une autre similitude, selon la coutume des Philosophes, à savoir de cette grande LUMIERE du *Ciel* avec ce petit FEU que l'on voit journellement allumé sur la *Terre,* toujours brûlant devant nos yeux, & que je fasse voir quelle grande affinité, *vertu magnétique,* ou relation *harmonique* il y a de la *grande lumière* avec cette *petite,* & que par ce *Médium Aérien,* elles conservent leur ETRE & le perfectionnement. Car on voit que sitôt que l'AIR conçoit quelque corruption par les aquosités qui sont attirées en haut, comme brouillards & autres semblables amas qui forment des nuées, lesquelles empêchent que les rayons du SOLEIL agissent par leur réflexion & *vertu pénétrante* ainsi qu'auparavant, de même le petit FEU *Terrestre* ne brûle pas si bien dans un temps couvert & nébuleux comme quand l'AIR est pur, clair & serein. Cela vient de ce que leur Amour est étouffé par les aquosités accidentelles de l'AIR ; en telle façon que la *Vertu attractive* est empêchée de faire son opération à produire les effets de sa sympathie.

Tout ainsi que le SOLEIL *qui est la grande lumière céleste, & la petite terrestre* qui est le FEU élémentaire se trouvent avoir une forte & mutuelle *inclination* & affection à s'attirer l'une l'autre par *vertu magnétique* ; de même le SOLEIL & l'OR ont aussi une particulière correspondance & certaine vertu attractive mutuellement entre eux, parce que le SOLEIL a travaillé dans l'OR ayant servi comme d'un puissant médiateur pour unir & lier inséparablement ces trois principes : Ainsi l'OR a son origine de l'*Aimant doré & céleste.*

Voilà donc la plus grande sagesse de ce monde, la *sagesse des sagesses*; voire une *sagesse qui surpasse la raison naturelle* : car par cette *sagesse* on doit comprendre comment DIEU a créé l'ETRE céleste, les opérations du firmament, le *dessein* ou *imagination spirituelle,* & L'ETRE *corporel* de toutes les choses créées : elle comprend aussi en soi toutes les qualités & propriétés d'icelles, voire tout ce par quoi l'homme subsiste.

Dans cet *Aimant doré* est cachée la résolution de tous les Métaux & Minéraux, & leurs puissances & vertus, comme aussi la *Première Matière* de leur naissance & leur pouvoir sur la SANTE ;

leur congélation & fixation, & l'opération de leurs *vertus* pour guérir les *maladies.*

Observez & remarquez bien cette CLEF, car elle est *divine, astrale & élémentale,* de laquelle toutes choses terrestres sont produites; elle est naturelle aussi bien que surnaturelle, & a sa naissance de l'*Esprit de* MERCURE, divinement, de l'*Esprit de* SOUFRE, spirituellement, de l'*Esprit de* SEL, corporellement. Ceci est toute la voie & toute la *science,* le commencement & la fin; car son CORPS est tellement lié avec l'ESPRIT par le moyen de l'AME qu'ils ne peuvent pas être désunis, mais engendrent un CORPS parfait auquel rien ne peut nuire. De cette substance spirituelle, & de cette *Matière* qui a formé un CORPS à l'OR, est fait le vrai OR POTABLE des anciens sages, lequel est plus parfait que l'OR même, qui doit être spiritualisé avant qu'on en puisse faire cette *liqueur* précieuse.

Cet *Esprit* ou OR *spirituel guérit les maladies vénériennes & la lèpre,* étant une substance *Mercurielle* & très fixe; il guérit aussi toutes plaies rebelles; fortifie le COEUR & le CERVEAU, & donne une bonne mémoire, fait de bon SANG & incite à l'Amour. Si la QUINTESSENCE *des Perles* avec la TEINTURE *des Coraux* sont jointes en même poids avec cet OR spirituel, & si l'on en donne la pesanteur de deux grains à quelqu'un, il se pourra assurer de jouir d'une parfaite santé & d'être exempt de toute infirmité, parce que dans cet *Esprit* de l'OR réside par excellence la vertu de guérir toutes débilités, les ôter & rectifier la masse du CORPS de l'*homme* de telle sorte qu'il peut être tenu parfaitement exempt de toutes maladies : Car la QUINTESSENCE des Perles fortifie le COEUR & rectifie les fonctions des cinq sens, tandis que la TEINTURE des Coraux expulse tous les *venins,* & ainsi l'AME de l'OR étant en forme de *liqueur* unie avec l'ESSENCE des Perles & SOUFRE des Coraux joints ensemble, ils peuvent produire des effets quasi incroyables, & qui sembleraient excéder l'étendue des pouvoirs de la NATURE, si l'expérience n'en faisait voir la *Vérité* ; & particulièrement cette *Vertu Cardiaque* qui conforte extrêmement le coeur doit être, avec admiration considérée la plus excellente de toutes les autres, telles qu'elles puissent être.

Pour moi qui suis Religieux & soumis aux voeux de ma profession par un serment spirituel & divin que j'ai fait en l'ordre de Saint Benoît, dans lequel il a plu a Dieu que j'aie obtenu suivant les promesses de sa parole, par mes ferventes prières, une consolation en mon AME dans l'affliction de mes faiblesses & infirmités au moyen de cette Médecine universelle, je puis assurer que je ne trouve aucun *confortatif* meilleur pour mes frères & pour moi-même que cette *composition mise au monde par la grâce & faveur divine,* & faite de l'UNION de ces *trois choses. Sa divine Providence veuille bénir & augmenter cette Vertu jusques a la fin du monde,* & tant que tous les hommes jouiront de cette VIE *mortelle* : O dorée vertu de ton AME ! Ô dorée raison de ton ESPRIT ! Ô dorée opération de ton CORPS : DIEU le Créateur te conserve & donne à toutes Créatures terrestres qui l'aiment &

l'honorent, avec la vraie intelligence de tous ses dons afin qu'on fasse sa volonté en TERRE & au CIEL, & que ceci suffise pour la *Révélation* de l'*Esprit* de l'OR, jusqu'à ce que Hélie revienne.

J'ajouterai ici une opération dont le procédé sera compendieux : Prenez l'*Esprit* de SEL et tirez avec lui le SOUFRE de l'OR ; séparez cet *Esprit de* SEL & rectifiez le SOUFRE de l'OR avec L'ESPRIT DE VIN, afin qu'il devienne agréable et sans corrosion. Prenez ensuite de la vraie *huile de Vitriol,* faite avec du *Vitriol, vert-de-gris,* & dissoudrez du MARS dans cette *huile* & en faites du *Vitriol,* lequel dissoudrez en *Huile* ou *Esprit* susdit pour le rectifier aussi avec L'ESPRIT DE VIN ; puis conjoignez toutes ces deux ensemble & en ôtez l'ESPRIT DE VIN, & dissoudrez la *Matière* qui sera demeurée sèche dans l'ESPRIT DE MERCURE, selon le poids requis; circulez le tout & quand tout sera fixe & devenu permanent, vous aurez une MEDECINE pour donner la SANTÉ & couleur vermeille aux *Hommes* & aux *Métaux* après qu'elle aura été fermentée avec de l'OR.

CHAPITRE SIXIÈME

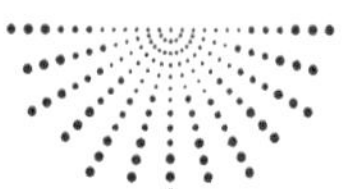

DE L'ESPRIT OU TEINTURE DE LA LUNE

La TEINTURE ou *Esprit* de la LUNE montre sa couleur d'un *Bleu céleste,* qui n'est qu'un ESPRIT *Aqueux,* froid & humide; il n'est pas si chaud en son degré que l'*Esprit* du SOLEIL, VENUS & MARS : c'est pourquoi la LUNE est plus *flegmatique* qu'ignée Mais quoique de substance *Aqueuse* elle n'a pas laissé d'être parvenue à congélation par le FEU.

Tout ainsi que nous voyons les METAUX avoir reçu leurs *Esprits* de TEINTURES & leur coagulation, de même aussi les PIERRES ont reçu leur fixation & TEINTURE d'une pareille *influence;* car dans le DIAMANT se trouve un MERCURE fixe & coagulé, c'est pourquoi il ne peut pas être rompu comme les autres pierres. Dans le RUBIS se trouve la Teinture du MARS ou *soufre du Fer;* dans l'EMERAUDE, le *soufre de* VENUS; dans le GRENAT, l'*Ame* du SATURNE; dans la TOPAZE *la Teinture* de JUPITER & le CRISTAL de roche se trouve symboliser au MERCURE vulgaire, comme aussi dans le SAPHIR se trouve la *Teinture* de la LUNE: bref, chacun selon son *Espèce* se trouve ainsi symboliser à quelque Métal, & si on ôte la couleur bleue au SAPHIR on lui ôte son habit, & son *Corps* demeurera blanc comme le DIAMANT. L'on doit aussi observer que si l'on sépare l'*Ame* de l'OR, son *Corps* devient pareillement blanc, lequel est appelé LUNE *fixe* par les disciples & curieux scrutateurs de l'*Anatomie* des MIXTES.

Vous devez apprendre ici que tout ce que j'ai dit du SAPHIR se doit pareillement entendre des METAUX : cet *Esprit azuré* de la LUNE que j'ai ci-dessus allégué, contient en soi le SOUFRE & L'AME dont l'*Argent* emprunte la VIE, tant aux mines dans la *Terre*, que par *Art* sur la *Terre* ; & la *Teinture* blanche de L'ARGENT, de laquelle il reçoit la blancheur, se trouve dans une même forme *magnétique* & premier *être* avec l'OR.

Ah ! vous autres qui possédez le Talent de l'Eloquence, où est votre voix pour exprimer les merveilles de ce SECRET ? & vous, naturalistes ! Où sont vos écrits ? & où sont les maximes de vos dispensaires, ô Médecins ! qui obligez d'aller chercher nombre de drogues par-delà les Mers, afin de tâcher de guérir l'Hydropisie & toutes maladies lunaires ? Vous direz sans doute que ceci vous est trop obscur; si cela est, allumez vos lampes à la lumière inférieure & terrestre, & pour chercher n'ayez aucune honte de contracter alliance avec le *Vulcain* ou Feu CHIMIQUE, & soyez persévérants dans la *patience* ; enfin, par permission divine de l'Eternel, vous trouverez que l'*Esprit* de L'ARGENT contient en soi la *Vertu* de guérir l'*Hydropisie,* tout de même que l'*Esprit* de l'OR & de MERCURE peut ôter les racines ou causes du *vertige,* de telle sorte que le centre de ces maladies ne s'y trouvera jamais.

Et pour le regard de ce que la LUNE n'a pas acquis dans les *Veines* de la *Terre* une qualité plus chaude en son degré, & qu'elle est ainsi demeurée d'une nature *Aquatique,* prenez-vous en la grande lumière du CIEL, laquelle à cause de ses influences aquatiques a opéré une telle propriété dans quelques créatures & *Planètes de la Terre,* comme dans l'ARGENT; & quoique cette LUNE *Terrestre* aie en soi un *Mercure fixe* dans lequel elle a radicalement pris naissance; toutefois le SOUFRE *chaud* manque en elle pour pouvoir dessécher le flegme : C'est pourquoi la LUNE n'a pas aussi un *Corps* si compact, si ce n'est par l'ART du *Microcosme* ou savant *Artiste & Philosophe.*

Et d'autant que ce *Corps* n'est pas *compact* à cause de sa *substance aquatique,* ses pores ne sont pas aussi resserrés & garnis pour avoir le poids & endurer le *choc* contre ses ennemis : ce qui, au contraire, se doit rencontrer dans l'OR, afin qu'il aie victoire sur ses ennemis & qu'il puisse subsister parmi eux.

Toutes choses sont difficiles au commencement; mais dès qu'on les a faites une fois avec *industrie & patience* elles deviennent bientôt faciles à être entendues : Si vous considérez & prenez bien garde à l'Esprit ou AME de la LUNE, vous comprendrez fort aisément le principal du travail & la fin de son utilité : c'est pourquoi je vous le proposerai par l'exemple & vous rendrai savants par la règle & façon de faire des paysans, afin qu'un *jeu d'enfants* vous donne occasion de considérer & chercher le profit d'une chose plus relevée.

Un *Paysan* sème sur un *Champ* bien préparé la *Semence* du LIN, laquelle après la Putréfaction sort & végète hors de la Terre, étant aidée par l'opération des *Eléments,* & nous présente une *Matière* ou herbe de LIN avec sa *Semence,* mais multipliée, laquelle on sépare du LIN après qu'il a été arraché de la *Terre.* Mais ce LIN ne saurait être utile s'il n'est *Putréfié & purifié* après avec de l'EAU, putréfaction par laquelle le *Corps* s'ouvre & en lui se trouve une *Chose utile* ; La putréfaction achevé, ce LIN est *Séché* par l'AIR & par le SOLEIL, & cette coagulation, souventes fois réitérée, il parvient à une autre forme dans laquelle, après plusieurs autres travaux, il devient plus parfait.

Ce LIN ainsi préparé est battu, *Rompu,* purifié & tiré par un certain outil de bois appelé par plusieurs *Brisoir* ou *Mâchoire,* afin que le *Pur* se sépare de l'*Impur* & les parties *Grossières* d'avec les *Subtiles,* ce qui ne pouvait se faire avant cette préparation : Après, ce même LIN est filé & les Filets sont bouillis dans l'EAU ou lessive afin qu'une nouvelle & légère *Putréfaction* s'y fasse, & que les impuretés restées s'en séparent; après cela ils sont *Séchés* & donnés à l'Artisan qui en fait de la *Toile,* & cette *Toile,* après quelques Humectations réitérées, est rendue belle & *Blanche*, puis coupée par Tailleur, Lingères ou autres pour l'utilité d'un *Ménage*, & quand cette *Toile* est usée & déchirée, alors on amasse les pièces ou *Drapeaux* & on les porte au *Moulin*, où il s'en fait de bon PAPIER dont on se sert après à *Ecrire* ou *Imprimer* les beaux LIVRES que nous voyons être *les nobles dépositaires du Trésor des plus rares & plus doctes Traditions de tous les Arts & Sciences*, & qui font l'ornement des Cabinets les plus curieux & plus précieux.

Ce PAPIER ainsi fait étant mis sur un *Métal* ou sur un verre & étant allumé & brûlé, le *Mercure végétal* de ce PAPIER s'en retourne dans l'*Air* & s'envole, laissant son SEL dans les *Cendres* avec un SOUFRE *Brûlant* : car tout ce qui ne se consume pas se résout en HUILE, laquelle est un bon *liniment* pour ceux qui ont mal aux yeux & qui ont la vue troublée. Cette HUILE ainsi faite a une *Graisse* excellente, que la Matière du PAPIER a retenue avec soi de la *Semence* du LIN, & ainsi la dernière *Matière* du LIN qui est le PAPIER se résout en *Première Matière* ; Savoir: en cette onctuosité *Sulfureuse*, avec séparation de son MERCURE & de son SEL, afin que, par la dernière, la première *Matière* se connaisse, & par cette première, ses opérations & vertus.

Quoique cet *exemple* semble *Rustique & grossier*, néanmoins vous devez prendre garde à sa *Subtilité & à ce qui est caché en lui*: Car il est nécessaire de faire entendre aux Simples & moins avisés *les Choses subtiles par les Grossières*, en sorte que de là ils puissent apprendre à se départir des sentiments *Grossiers* & s'adonner aux Subtils.

De ceci, je conclus & entends que la *Première Matière* doit être connue, observée & fondée par la *Révélation* & discernement de la *Dernière Matière,* laquelle *Dernière Matière* des METAUX parfaits doit être *séparée* d'eux, afin qu'elle apparaisse nue devant les hommes, & ainsi pourra-t-on apprendre par cette ANATOMIE, ce que la *Première Matière* a été dès son commencement, & de quoi cette *Dernière* a été semblablement faite. Vous devez vous contenter de cette *Dernière déclaration* concernant la LUNE, sur le sujet de laquelle *j'aurais encore beaucoup de choses à dire,* mais ce sera pour une autre fois. Je vous prie d'affection en vous exhortant que dans votre conscience vous *observiez* tout ce que je vous ai *révélé* selon les Syllabes comprises entre *alpha & oméga,* & de garder toutes mes paroles & avertissements, afin que ne puissiez pécher & endurer l'éternelle vengeance. Avant que de finir, je vous révélerai encore ceci :

Prenez le SOUFRE d'un *Bleu Céleste* tiré de l'ARGENT & le rectifiez avec l'ESPRIT DE VIN; dissolvez-le selon son poids dans l'ESPRIT BLANC du *Vitriol,* & dans l'*Esprit* bien odorant de MERCURE, puis les coagulez par la fixation du FEU de chaleur propre, et aurez la *Teinture* blanche en vos mains avec sa MEDECINE: mais si vous connaissez ce que l'on peut appeler PRIMUM MOBILE, cette *Teinture* ne vous est pas nécessaire; car vous pourrez accomplir l'oeuvre par lui seul.

CHAPITRE SEPTIÈME

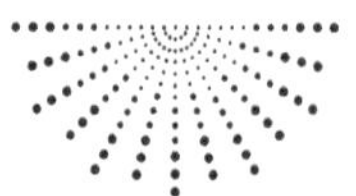

DE L'ÂME OU TEINTURE DE JUPITER

Le bon JUPITER entre tous les *Métaux,* est quasi celui qui tient le *Milieu* dans son intérieur : Car il n'est ni trop *Chaud,* ni trop *Froid,* ni trop *Sec,* ni trop *Humide.* Il n'abonde pas en *Mercure* & il se trouve fort peu de SOUFRE en lui & celui qui s'y trouve est de couleur Blanche : L'un de ses *Trois Principes* pourtant surpasse l'autre en quantité, comme il se voit manifestement lorsqu'on fait ouverture & *Dissection* de sa vraie nature: Partant, il est né, fait & coagulé en forme de METAL, d'une telle composition & mélange des *trois principes* inégalement assemblés.

La planète de JUPITER supérieur est un ASTRE *de paix* & agent de bonté, dominateur & possesseur de la *moyenne Région* : Mais le terrestre au regard de sa condition, être, *vertu* & opération tient le milieu, & *aucune maladie ne saurait arriver que ce* JUPITER *ne puisse guérir,* si on se sert de sa

MEDECINE avec *médiocrité & dose judicieusement dispensée* ; aussi n'est-il pas toujours à propos d'employer sa médecine à d'aucunes maladies où il n'en est pas besoin ; mais on doit user d'icelle lorsque le *Corps* & sa Maladie ont une particulière correspondance & relation de vertu & opération avec les *Astres supérieurs,* principalement dans leurs conjonctions, afin qu'il ne se trouve aucune contrariété dans leur opération en la *Nature* opérante.

L'Esprit de JUPITER est tel qu'il ne peut aucunement être absent dans la naissance des *Métaux,* non plus qu'aucun des autres : parce que lorsqu'un *Métal* doit être parfait, tant dans le *Macrocosme* que par *transmutation* dans le *Microcosme,* il faut nécessairement que tous les *Esprits des* METAUX y consentent, depuis ceux du degré *le plus bas,* jusques au *plus haut;* je veux dire que tous les degrés des plus imparfaits *Métaux* jusques aux plus parfaits soient suivis de degré en degré jusqu'à l'accomplissement d'iceux, avant que les *Métaux* puissent être parfaits: car tout *Métal,* depuis le SATURNE jusqu'à l'OR, doit accomplir son Cours pour parvenir à la constance spécifique de sa *Teinture* & de son Corps: encore que SATURNE tienne le premier lieu dans la Région supérieure où les *Astres* dominent & accomplissent leur Cours, il est néanmoins le plus bas dans la Terre.

La Naissance de l'ETAIN, en & sur la *Terre* se fait tout ainsi que la naissance de l'*homme* & des animaux qui, au commencement sont nourris du *lait* de leur mère, car il ne se trouve pas sur la terre aucune *nourriture* plus profitable à l'homme dans son enfance que celle du *lait,* vu que la plus considérable & meilleure partie du *lait* est un SOUFRE *Animal* qui donne la *nourriture.*

De même façon, l'ETAIN est nourri de son SOUFRE *Métallique,* qui lui est plus profitable, & parce qu'il attire plus de chaleur à soi que celui de SATURNE, il est plus *décuit* & son Corps est plus *fixe* & plus constant, à cause du degré de perfection de son SEL.

Le *Jupiter* est dit des Anciens, causer un bon gouvernement & entretien de SANTE, & ses jugements sont estimés équitables, en sorte qu'il octroie à un chacun ce qui est de *Justice* & bon droit: l'esprit de l'ETAIN remédie à toutes les inflammations & accidents par lesquels le FOIE pourrait être infecté, son *Esprit* a naturellement un goût de *Miel* ; son *Mercure* lorsqu'il est fait *volatil* devient une *vénéneuse* substance : Car il *purge violemment* & avec effort: C'est pourquoi il n'est pas toujours à propos qu'on se serve de son *argent-vif* étant ainsi ouvert; mais sitôt qu'il est *corrigé,* il peut être bon & utile pour s'en servir aux maladies qui dépendent immédiatement des influences des *Astres;* c'est-à-dire lorsqu'au CEDEKIEL est ôtée la volatilité vénéneuse, & qu'il est parvenu à une fixité contraire au venin.

Le *Médecin du commun* n'entendra pas ceci, parce qu'une telle science ne gît point aux paroles seulement, mais à l'*expérience,* vu, que ce *Médecin du commun* à bâti son fondement sur des *paroles* seulement, mais quant à la préparation de notre

Médecine, quoique son commencement dépende des paroles, son *fondement* principal est l'*épreuve* appuyée de l'*expérience* : car l'expérience est soutenue d'un fondement aussi assuré que serait un lieu bâti sur un Rocher, mais les paroles des autres ne le sont que comme sur un sable mouvant. C'est pourquoi l'on estime plus ce qui est fait par l'*expérience avec l'aide de la Nature,* que ce qui provient seulement des paroles nues & d'une *spéculation fantaisiste : Car l'oeuvre fait connaître l'Ouvrier.*

Je ne me sers pas ici de la façon de parler des Poètes, ni d'un style pareil à celui qui est dans mon LIVRE de la *Philosophie occulte,* que j'ai déjà mis au jour, & qui traite de la naissance admirable des SEPT *Planètes hermétiques,* je ne m'exprime ici non plus en *termes mystiques* comme les Mages & *Cabalistes* ont fait, & je n'observe point la *Méthode* de ceux qui ont enseigné les *sciences surnaturelles,* comme l'Hydromancie, l'Aéromancie, Géomancie, Pyromancie, Nécromancie & plusieurs autres : *Car mon intention est de révéler les secrets de la Nature, afin que les Philosophes & enfants de la science & Sapience puissent par la bénédiction divine, bien comprendre & observer ceci, & après une diligente observation y apprendre quelque chose d'utile concernant la double vertu Métallique dans le Macrocosme & Microcosme, comme aussi ce que contient la vraie* MEDECINE *en soi & dans l'intérieur des Métaux, ce qui se voit & manifeste quand par la division de leurs Principes, l'on voit sensiblement* TROIS *choses provenues de ce qui auparavant était* UN, *& alors la nature de cet UN est découverte & démontrée par la séparation &*

dépouille de son vêtement terrestre, & sont manifestées sa vertu son opération pour la SANTE *des corps humains Métalliques.*

Sans doute mes persécuteurs & ceux qui sont *Médecins ignorants* me diront ce qu'on dit en proverbe : *Tu me dis beaucoup de choses touchant les Oies & tu ne connais pas encore les Canards.* Qui est-ce qui nous assurera que tout ce que tu nous as écrit est véritable ? Pour mon particulier je n'ai autre chose à leur répondre, sinon que je me tiens *très content des choses que j'ai apprises par expérience,* comme aussi, *mes autres compagnons; sans craindre d'être trompé dans mes espérances, & ne suis dans le dessein de me donner aucune peine pour vouloir apprendre quelque chose de nouveau & d'incertain; celui qui est dans une autre opinion que la mienne, qu'il la garde si bon lui semble et s'amuse à la connaissance de ces Canards* : Car il n'est pas digne des *Oies rôties, ni d'apprendre les merveilles que la Nature cache en soi.*

Mais je confesse en vérité & même j'ose dire *sous la perte de ce précieux joyau &* PIERRE, *la plus riche de la Nature, & même de mon* AME, *que tout ce que j'ai écrit & tout ce que j'écris dans ce Livre-ci contient la pure* VERITE, *& un chacun trouvera que ce n'est autre chose que la* VERITE : *Mais si tous les doctes ou les hommes du Commun, & principalement ceux qui sont persécuteurs de cette secrète science n'entendent pas mes écrits, je n'y saurais que faire ; mais que ceux qui sont de vrais curieux prient Dieu pour sa grâce ; & vous, persécuteurs, priez-le qu'il vous pardonne, travaillez avec patience & persévé-*

rance, lisez avec raison & intelligence, & aucun SECRET *ne vous sera caché : mais au contraire, vous y découvrirez de la clarté.*

J'exhorte encore particulièrement celui qui aura trouvé ce SECRET *qu'il en rende grâces a* DIEU *son Créateur, de tout son coeur, nuit & jour, sans cesse, avec révérence, humilité & due obéissance : Car aucune créature ne saurait assez remercier* DIEU *comme le mérite ce précieux* DON. *J'en fais ici mes remerciements & actions de grâces a* DIEU *& puis répondre devant ce souverain Créateur de l'Univers, & devant tout le monde, & être garant de la vérité de ces Merveilles de la Nature que plusieurs esprits présomptueux croient n'être pas possibles, parce qu'ils n'en peuvent comprendre la cause ni l'effet : Mais ce que mes yeux ont* VU, *ce que mes mains ont* TOUCHE *& que ma raison sans tromperie a compris,* RIEN NE PEUT M'EMPECHER DE LE CROIRE & D'EN ADMETTRE LES EFFETS EN CETTE VIE, EXCEPTE LA MORT QUI SEPARE TOUTES CHOSES.

Cette mienne voix n'a pas été contrainte par un motif du siècle de déclarer ce que j'ai ici écrit; je ne l'ai pas fait aussi par arrogance, ni comme ayant égard aux honneurs mondains. Mais elle a été contrainte par le commandement de Jésus-Christ, mon Seigneur, afin que sa gloire & bonté dans les choses naturelles & temporelles, ne demeure pas inconnue aux hommes, mais qu'elles puissent être manifestées pour l'honneur, louange & gloire de son nom Eternel, & que, par la confirmation de ces miracles, sa Majesté & toute puissance soient honorées & reconnues de tous les vivants.

Après ces motifs de l'amour Divin, l'*affection*

envers le prochain m'y a invité, pour témoigner que *je lui veux autant de bien qu'à moi-même. Comme aussi a mes ennemis & persécuteurs médisants de cette* Divine SCIENCE, afin que je puisse *cueillir sur leurs têtes des charbons ardents.*

En troisième lieu, *que tous ces adversaires contradicteurs puissent connaître celui qui a le plus erré & qui a révélé le plus de secrets de la Nature*, & si j'ai mérité d'être blâmé & les autres d'être loués, & aussi *afin que ce Grand* SECRET *ne soit enseveli dans les ténèbres,* ni noyé dans les grandes eaux du Torrent des années : mais qu'il puisse luire par les Rayons de la vraie lumière, *hors du Naufrage & hors de la multitude des Idiots ; & que, par la publication d'une vraie & certaine Confession, il y ait beaucoup de témoignages & autorités irréprochables qui puissent prouver la vérité de mes écrits.*

ENIGME

Dans ma domination me sont appropriés d'entre les *douze Signes,* le *Sagittaire* & le *Poisson* : Je suis né du *Poisson* parce que j'ai été EAU avant ma VIE ; mais le Sagittaire m'a mis la Sagette au *coeur,* par le moyen de laquelle j'ai perdu mon *aquosité,* étant devenu, par le moyen de la *Chaleur,* une *Terre sèche* ; & quoique ma *Terre,* par le moyen de l'EAU, soit devenue en une *substance* molle, néanmoins tu dois entendre que l'*Eau a été séchée par l'Air chaud,* & que cette Matière *molle* a été changée par la *Chaleur* en une *Matière dure.*

De ceci, vous qui êtes savants, ou vous autres *qui voulez apprendre,* vous devez diligemment *observer* & prendre garde que l'ETAIN est sujet aux *quatre Eléments* & aux autres *Planètes,* lesquels *Eléments* ont reçu en leur centre *les vertus d'en haut* & en sont engendrés.

Pour vous dire *Adieu,* je vous dis que quand vous tirerez de ce bon JUPITER le SEL & le SOUFRE, & que les joindrez au SATURNE pour les faire couler ensemble, vous verrez SATURNE prendre un Corps plus fixe, se purgeant & devenant plus *Clair,* & aurez une *Transmutation véritable* du SATURNE en JUPITER.

FIN

VISITA INTERIORA TERRA. RECTIFICANDO INVENIES OCCULTUM LAPIDEM

www.ingramcontent.com/pod-product-compliance
Lightning Source LLC
LaVergne TN
LVHW101918190826
846094LV00002B/57

* 9 7 8 2 3 5 7 2 8 6 5 8 0 *